前言
Preface

巨龙腾飞，中华崛起。"文化是民族的血脉，是人民的精神家园。文化自信是更基本、更深层、更持久的力量。中华文化独一无二的理念、智慧、气度、神韵，增添了中国人民和中华民族内心深处的自信和自豪。"

崇高理想只有根植于中华传统文化土壤才能最终实现，这点已逐渐被大家接受而成共识。中国特色社会主义的道路、理论、制度和文化是用马克思主义基本原理来指导中国实践的，也就是马克思主义中国化。马克思主义在中国所研究的本体是中国，发展是中国，所指导的是中国人民，研究的是5000年来没有中断而延续至今的中国历史文化。毛泽东说："自从中国人学会了马克思列宁主义以后，中国人在精神上就由被动转入主动。从这时起，近代世界历史上那种看不起中国人，看不起中国文化的时代应当完结了。伟大的胜利的中国人民解放战争和人民大革命，已经复兴了并正在复兴着伟大的中国人民的文化。"历经磨难的大中国正从站起来、富起来到强起来。强大的国际竞争，无论双赢还是胜负，其决定因素有经济的、政治的、科技的，而终归是文化自信力。要讲好中国故事，要提高中华文化影响力。要振兴文化，要让中华优秀历史文化"飞入寻常百姓家"。这不仅需要制度保证，也要讲究方法。"中华民族和中国人民在修齐治平、尊时守位、知常达变、开物成务、建功立业过程中培育和形成的基本思想理念，如革故鼎新、与时俱进的思想，脚踏实地、实事求是的思想，惠民利民、安民富民的思想，道法自然、天人合一的思想等，可以为人们认识和改造世界提供有益启迪，可以为治国理政提供有益借鉴。"

《中国历史文化三字歌》初名《中国历史人物三字歌》，作于2004年，为随堂历史教学撰写，作者叶俊新。作者和丘凤英老师先后在广东梅州及深圳一些学校曾作课题实验，现根据中共中央办公厅、国务院办公厅印发《关于实施中华优秀传统文化传承发展工程的意见》，传承发展中华优秀传统文化，大力弘扬讲仁爱、重民本、守诚信、崇正义、尚和合、求大同等核心思想理念，选取文史资料和最新考古成果重新编辑此书。书中选取中国历史中300多位人物，编成三字歌300多句；再根据各个人物相关的成语、典故、名言、史书原始记载及后人评价汇编成册，附300多幅图。内容包含政治、军事、经济、民族、外交和科技文化等国史脉络与文化精粹。

学史能使人明智。知识如年轮，根深叶茂，干挺硕实。

中国诸史本是文史不分，政史不离，百姓自强不息，亦知春秋大义；英雄扬眉吐气，也可牺牲自己；三百六十行，各显其技，绵延不断五千年，交融聚汇；或褒或贬，或喜或悲，颂之生情，啃之有味。古今一体，勃勃生机。该书"三字歌"增加历代名家书法集字，是为弘扬中华优秀传统文化，认识一定量的书法及繁体字，书法及繁体字是打开历史典籍殿堂的钥匙。通俗的《中国历史文化三字歌》加注及著者所撰《四字鉴》，互为阅读，以求进一步了解中国历史和典故。欢迎广大读者对本书编辑提出批评意见！谢谢书法家陈佩桓老师封面书名题字！谢谢画家张斌先生精美附图！谢谢林超英女士赠画！

中國歷史文化三字歌

[上册]

叶俊新 编著

图书在版编目（CIP）数据

中国历史文化三字歌．上册／叶俊新编著．—广州：羊城晚报出版社，2023.9
ISBN 978-7-5543-1237-7

Ⅰ.①中… Ⅱ.①叶… Ⅲ.①文化史－中国－通俗读物 Ⅳ.①G203-49

中国国家版本馆CIP数据核字（2023）第177380号

中国历史文化三字歌·上册
ZHONGGUO LISHI WENHUA SANZIGE·SHANGCE

责任编辑	黄初镇
责任技编	张广生
装帧设计	友间文化
出版发行	羊城晚报出版社
	（广州市天河区黄埔大道中309号羊城创意产业园3-13B 邮编：510665）
	发行部电话：（020）87133824
出 版 人	陶 勇
经 销	广东新华发行集团股份有限公司
印 刷	佛山市浩文彩色印刷有限公司
规 格	880毫米×1240毫米 1/32 印张7.5 字数120千
版 次	2023年9月第1版 2023年9月第1次印刷
书 号	ISBN 978-7-5543-1237-7
定 价	56.00元

版权所有 违者必究（如发现因印装质量问题而影响阅读，请与印刷厂联系调换）

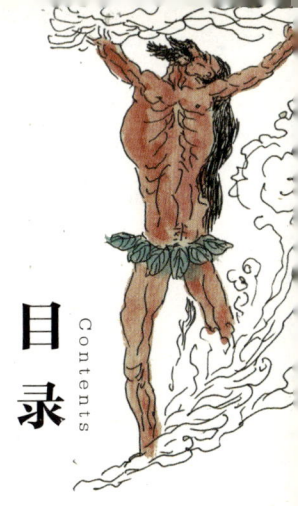

目录 Contents

《 第一篇 》

002	盘古天	女娲补	023	叶公画	水利图
003	燧人氏	围火舞	024	勾践忍	誓吞吴
004	神农时	播五谷	025	兵家祖	尊孙武
006	炎黄帝	华夏祖	026	孙膑诱	庞涓树
007	尧舜禹	德楷模	028	合纵张	连横苏
008	国九鼎	夏禹铸	030	都江堰	李冰修
009	汤灭夏	伊尹辅	031	商鞅法	秦强富
010	商盘庚	殷为都	033	韩非法	嬴政读
011	纣暴酷	文王图	034	秦始皇	帝千古
013	姜尚钓	扬名牧	036	李丞相	令焚书
015	七千年	骨笛吹	037	赵高马	实为鹿
016	山海经	三星堆	038	大泽乡	陈胜呼
018	周幽王	戏诸侯	040	楚项羽	拼巨鹿
019	齐桓公	不记仇	041	刘邦汉	论赢输
020	管鲍交	钟俞友	042	文景治	减租赋
021	晋文公	胜城濮	043	七国乱	晁错诛
022	楚庄王	冲天鹄	044	大一统	西汉武

046	董仲舒	尊儒术	060	琴有误	周郎顾
047	王莽改	绿林出	061	丕备权	魏蜀吴
049	光武帝	斥公主	062	诸葛锦	温夷洲
050	张角起	黄天怒	064	司马炎	西晋武
051	杜诗铁	水排鼓	066	石崇比	王恺富
052	冒顿妃	放高祖	068	睿东晋	王导扶
053	卫与霍	追匈奴	070	谢安棋	投鞭苻
054	昭君塞	干戈无	072	刘裕宋	知民苦
055	张骞使	班超赴	074	孝文帝	仿汉族
057	操奇兵	胜官渡	076	程处士	客家祖
059	备三顾	亮出庐			

第二篇

079	道德经	老子留	093	张衡仪	龙珠吐
081	孔儒生	多成就	094	蔡侯纸	东汉出
082	孟性善	荀说不	095	祖冲之	精圆周
084	墨兼爱	制公输	096	郦道元	水经注
085	张陵道	释迦佛	097	贾思勰	著农书
086	怀屈原	划龙舟	099	操见骨	文姬掳
087	司马迁	愤著书	101	曹植诗	成七步
089	扁鹊诊	悉脏腑	102	陶渊明	月荷锄
090	张仲景	王粲服	103	王羲之	鹅换书
092	华佗能	开操颅	104	顾恺之	洛神图

第三篇

107	隋文帝	开皇治	135	寇准战	鼓士气
108	炀帝河	五千里	136	夏元昊	懂汉语
110	李渊唐	高祖立	137	阿骨打	金皇帝
111	唐太宗	贞观治	138	徽钦宗	靖康耻
112	房杜相	魏征直	139	构南宋	偏安嬉
113	武则天	女皇帝	140	韩世忠	天荡围
115	唐玄宗	开盛世	141	岳家军	郾扬威
116	九龄凿	梅关驿	142	秦桧跪	杭州西
117	李腹剑	口如蜜	143	铁木真	成吉思
118	天可汗	俘颉利	144	忽必烈	元统一
120	松赞普	文成娶	145	文天祥	歌正气
122	杨贵妃	悲嵬驿	146	黄道婆	棉纺织
123	安史乱	平子仪	147	朱元璋	养生息
124	盐商帝	号大齐	148	伦正法	王处死
125	梁朱温	废唐帝	149	宋濂客	锦衣卫
126	周世宗	惩贪吏	150	明成祖	靖难役
127	赵匡胤	黄袍衣	151	三杨阁	仁宣治
129	石守信	兵权释			
131	改革家	王安石			
132	契丹兴	阿保机			
133	石敬瑭	儿皇帝			
134	杨家将	杨无敌			

153	俺答汉	建互市
154	后金努	创八旗
155	明郑和	航七次
157	戚继光	倭寇惧
158	崇祯位	自成取
159	清朝建	皇太极
160	引清入	吴三桂
161	史可法	死不屈
162	顺治帝	封达赖
163	康熙帝	除鳌拜
165	郑成功	复我台
166	军机事	雍正裁
167	乾隆征	和卓败
168	渥巴锡	终归来
169	和珅贪	住瑶台
171	嘉庆帝	清变衰

第四篇

173	王通号	文中子
174	黄老术	人文始
176	叶法善	紫云曲
177	神仙祖	陈希夷
178	惠能接	禅钵衣
179	玄奘僧	取经西
180	鉴真僧	六渡日
181	法藏师	华严系
182	周敦颐	图太极
183	程颢言	体天理
184	朱熹格	物犹事
186	陆九渊	心即理
187	陈白沙	颊七子
188	湛若水	浣胸泥
189	王阳明	致良知
190	倡民主	王顾李
191	司马光	编资治
192	四库修	烟袋纪

193	李春桥	龙在飞
194	毕升印	用活字
195	僧一行	子午极
196	郭守敬	授时历
197	沈括谈	梦溪笔
198	光启农	应星艺
199	孙思邈	救母子
200	李时珍	方药巨
201	颜真卿	宝塔碑
202	柳公权	秘塔碑
203	阎立本	画神异
204	吴道子	创写意
205	择端图	上河去
206	王希孟	画千里
207	黄公望	富春居
208	赵书画	元之至
209	朱石鸟	郑首怪
210	任吴墨	杨柳彩
211	白斗酒	百篇诗
212	杜诗圣	写诗史
213	乐天诗	婆婆知
214	韩愈文	北斗比
215	柳宗元	黔之驴
216	欧阳修	醉翁意
217	范仲淹	岳阳记
218	苏轼词	怀赤壁
219	李清照	情真挚
220	辛弃疾	剑醉里
221	陆游留	万首诗
222	关汉卿	窦娥誓
223	王实甫	西厢记
224	罗贯中	修演义
225	施耐庵	水浒聚
226	吴承恩	西游记
227	蒲松龄	鬼聊斋
228	敬梓史	儒林外
229	曹雪芹	叹宝黛
230	京剧山	长庚开

目录 Contents

第壹角

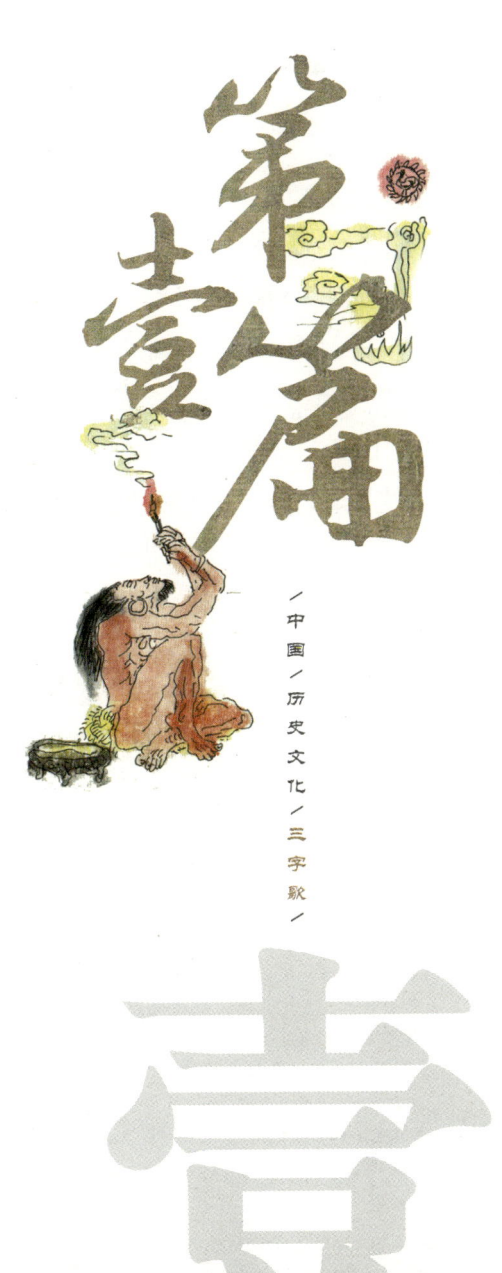

/中国/历史文化/三字歌/

【四字鉴】

开天辟地，大我盘古。
寂寞嫦娥，千年共舞。

中国神话"天地开辟"，说的是，宇宙原是混混沌沌的如一"鸡子"，里面没有光，没有声音。后来，出了一个盘古氏，用大斧把这一混沌劈了开来。清轻的往上浮，就成了天；重浊的往下沉，就成了地①。相传女娲，以黄泥仿照自己抟土造人，"一日中七十化变"。后因世间天塌地陷，于是熔彩石以补苍天，斩鳌足以立四极，这就是女娲补天的神话传说②。

"个人社会，本大我小我之不同，其理可互相发明，而未可以是非之也。"③中华神话传说里所表达的传统思想与文化，源于"公"。

---

① 【《三五历记》】天地混沌如鸡子，盘古生其中。万八千岁，天地开辟，阳清为天，阴浊为地。盘古在其中，一日九变，神于天，圣于地。天日高一丈，地日厚一丈，盘古日长一丈。如此万八千岁，天数极高，地数极深，盘古极长。后乃有三皇。【《五运历年记》】首生盘古，垂死化身，气成风云，声为雷霆，左眼为日，右眼为月，四肢五体为四极五岳，血液为江河，筋脉为地里，肌肉为田土，发髭为星辰，皮毛为草木，齿骨为金石，精髓为珠玉，汗流为雨泽，身之诸虫因风所感，化为黎甿。
② 【《淮南子》】女娲炼五色石以补苍天。
③ 【孙中山《社会主义之派别与方法》】

燧人氏围火舞

　　元谋人牙齿化石是1965年五一劳动节在云南元谋县上那蚌村发现的，1976年根据古地磁学方法测定，生活年代为170万年前左右。1929年12月2日，中国考古学者裴文中在北京西南周口店龙骨山山洞里，发掘出第一个完整的头盖骨化石。北京人距今70万～20万年。

　　北京人过着狩猎和采集的生活，会制造和使用工具，使用打制石器，处在旧石器时代，会使用和控制天然火，过着群居的生活。周口店北京人遗址是迄今所知世界上内涵最丰富、材料最齐全的直立人遗址之一。周口店遗址上，已发现用火的痕迹，龙骨山的山顶洞人迄今1.8万年，已经懂得人工取火。

　　传说"燧人氏"，用一块木头在另一块木头上使劲地钻，能钻出火来，用燧石敲敲打打，也敲出火来。①

【四字鉴】

yuán móu zhī chǐ　　běi jīng yǒu gǔ
元谋知耻，　北京有骨。

chuán shuō suì rén　　qǔ huǒ zuān mù
传说燧人，　取火钻木。

---

① 【《韩非子·五蠹》】上古之世，人民少而禽兽众，人民不胜禽兽虫蛇……民食果蓏蚌蛤，腥臊恶臭而伤害腹胃，民多疾病。有圣人作，钻燧取火以化腥臊，而民说（悦）之，使王天下，号之曰燧人氏。

【四字鉴】

shén nóng bǎi cǎo　　yòu bō wǔ gǔ
神农百草，又播五谷。
hé mǔ zhí dào　　bàn pō zhòng sù
河姆植稻，半坡种粟。

神农氏教人制耒耜、种五谷[通常指稻、黍（shǔ）、稷（jì）、麦、豆等五种谷物]，被称为"神农"。传说他为母亲在梦中感受龙气怀孕而生，人身牛首，生后3天会说话，5天会走，7天长牙齿，长大后，将近3米。后得神仙授医书，然后去采集药材，亲自品尝是否有毒，有时一天就尝70多种，最后中毒死去。共配制了365种药，能治400多种病。①

半坡遗址和河姆渡遗址处于母系氏族时期，河姆渡遗址发现有稻谷、谷壳、稻秆和稻叶等堆积物。河姆渡居民（在浙江余姚）距今约7000年，代表我国长江流域地区的文明；使用磨制石器（比较精细）；种

---

① 【《淮南子》】神农乃始教民播种五谷，相土地宜……尝百草之滋味，水泉之甘苦。
【《三皇本纪》】女娲氏没，神农氏作……神农纳奔水氏之水曰听妃诐。为妃。生帝魁，魁生帝承，承生帝明，明生帝直，直生帝牦，牦生帝衰，衰生帝克，克生帝榆罔。凡八代，五百三十年。而轩辕氏兴焉。
【范蠡《范子计然》】五谷者，万民之命，国之重宝。

植水稻，使用耒耜耕地；住干栏式房子，挖掘水井，过定居生活；饲养家畜，制造陶器、玉器和乐器。半坡居民（在陕西西安）距今5000～6000年，代表我国黄河流域地区的文明；普遍使用磨制石器（比较精细）；种植粟，使用耒耜耕地；住半地穴式房子，过定居生活；制作弓箭、种植蔬菜；制造彩陶，出现刻画符号，有专家认为是我国早期文字的雏形；会纺线、织布、制衣。他们都处于母系氏族公社时期，掌握制陶、种植、养殖技术，过着定居生活，体现了原始农耕文化的特征。

【四字鉴】

yán dì huáng dì　　wǒ huá xià zǔ
炎帝黄帝，我华夏祖。
yǔ zhàn chī yóu　　fēng yǔ zhuō lù
与战蚩尤，风雨涿鹿。

炎黄帝华夏祖

大约在4000多年以前，我国黄河、长江流域住着许多氏族及部落。黄帝部落在姬水（陕西武功漆水河）附近，后来定居在涿鹿（河北省涿鹿、怀来一带），发展畜牧业和农业。炎帝部落住在姜水（陕西宝鸡清姜河）附近。两部落是近亲。

九黎族有个强悍首领叫蚩尤，传说有八十一个兄弟，凶猛无比。能制造刀戟弓弩各种各样的兵器，常侵掠别部落。炎帝被蚩尤杀得一败涂地。后黄帝与炎帝就联合各部落，在涿鹿的田野上和蚩尤展开一场大决战。蚩尤请来了"风伯雨师"助战，黄帝请天女帮助，驱散了风雨，把蚩尤捉住杀了。黄帝有个妻子名叫嫘祖，教妇女养蚕、缫丝、织帛。黄帝有个史官仓颉，创制文字。炎帝族和黄帝族融合在一起，他们的后人被称为炎黄子孙。现在陕西黄陵县北面的桥山上有一座"黄帝陵"。①

---

① 【《国语·晋语》】昔少典娶于有蟜氏，生黄帝、炎帝。黄帝以姬水成，炎帝以姜水成。成而异德，故黄帝为姬，炎帝为姜。二帝用师以相济也，异德之故也。
【《山海经》】蚩尤作兵伐黄帝，黄帝乃令应龙攻之冀州之野。应龙蓄水。蚩尤请风伯雨师，纵大风雨。黄帝乃下天女曰魃（bá），雨止，遂杀蚩尤。

黄帝以后，先后出了尧、舜和禹部落联盟首领。尧想找继承人。有人推荐尧的儿子丹朱，尧说："这小子专爱跟人争吵。"又有人推荐管水利的共工，说共工"工作倒做得挺不错"。尧说："共工能说会道，恭谨里面是另一套。"后一致推荐德行好的舜，并且舜通过了考察。尧把首领的位子让给了舜。这种让位称作"禅让"，用民主选举的办法推选新首领。

舜选继承人，大家都推荐治水有功的禹，舜一死，禹继任了联盟首领。①

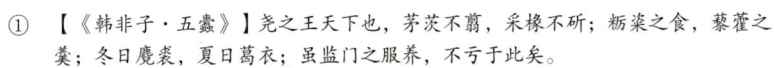

【四字鉴】

yáo dé shùn mù　　shàn ràng mín zhǔ
尧德舜睦，　禅让民主。
zhì shuǐ dà yǔ　　jiā mén bú rù
治水大禹，　家门不入。

---

① 【《韩非子·五蠹》】尧之王天下也，茅茨不翦，采椽不斫；粝粢之食，藜藿之羹；冬日麑裘，夏日葛衣；虽监门之服养，不亏于此矣。
【《史记》】舜耕历山，历山之人皆让畔；渔雷泽，雷泽之人皆让居；陶河滨，河滨器皆不苦窳。一年而所居成聚，二年成邑，三年成都。
【《史记》】记载了大禹治水，三过家门而不入的故事。"居外十三年，过家门不敢入"。
【《礼记·礼运》】大道之行也，天下为公。选贤与能，讲信修睦。故人不独亲其亲，不独子其子，使老有所终，壮有所用，幼有所长，矜寡孤独废疾者，皆有所养。男有分，女有归。货恶其弃于地也，不必藏于己；力恶其不出于身也，不必为己。是故谋闭而不兴，盗窃乱贼而不作，故外户而不闭，是谓大同。今大道既隐，天下为家，各亲其亲，各子其子，货力为己，大人世及以为礼。城郭沟池以为固，礼义以为纪；以正君臣，以笃父子，以睦兄弟，以和夫妇，以设制度，以立田里，以贤勇知，以功为己。故谋用是作，而兵由此起。禹、汤、文、武、成王、周公，由此其选也。

【四字鉴】

夏之阳城，中国首都。
启家天下，世袭制初。

国九鼎夏禹铸

"华夏""中土""中原""中夏""九州岛""神州""中华"皆指"中国"。禹居住在阳城，国号夏。分封丹朱于唐，分封商均于虞。改定历日称为夏历，以建寅之月为正月。禹去世后，他的儿子启继夏朝天子位，"世袭制"代替了"禅让制"。"禹会诸侯于涂山，执玉帛者万国"。禹用各方诸侯到阳城进贡的青铜铸造成九个大鼎，即冀州鼎、兖州鼎、青州鼎、徐州鼎、扬州鼎、荆州鼎、豫州鼎、梁州鼎、雍州鼎。鼎上有各州的山川名物、珍禽异兽，象征九州岛，豫州为中央。① 王位世袭制取代禅让制是生产力发展的结果，是私有制发展的结果，是阶级对立的产物，它适应了历史的发展。

---

① 【《史记·夏本纪》】帝舜荐禹于天，为嗣。十七年而帝舜崩。三年丧毕，禹辞辟舜之子商均于阳城，天下诸侯皆去商均而朝禹。禹于是遂即天子位，南面朝天下。国号曰夏后，姓姒氏。帝禹立而举皋陶荐之，且授政焉，而皋陶卒。封皋陶之后于英、六，或在许。而后举益，任之政。十年，帝禹东巡狩，至于会稽而崩。以天下授益。三年之丧毕，益让帝禹之子启，而辟居箕山之阳。禹子启贤，天下属意焉。及禹崩，虽授益，益之佐禹日浅，天下未洽。故诸侯皆去益而朝启，曰："吾君帝禹之子也。"于是启遂即天子之位，是为夏后帝启。
【陕西青铜器"何尊"铭文】余其宅兹中或（国），自之辟民（自止殷民）。
【《尚书·五子之歌》】皇祖有训，民可近，不可下，民惟邦本，本固邦宁。

汤灭夏伊尹辅

夏朝最后一个王桀（jié）是个暴君，荒淫奢侈，大兴土木。百姓恨透了，诅咒说："这个太阳（指桀）什么时候才会灭亡，我们宁愿跟你同归于尽。"而这时黄河下游有个以畜牧业为主的部落叫商，在汤领导下，强大了起来。商汤在殷墟甲骨文中被称为成、唐、大乙，宗周甲骨与西周金文称他成唐。商汤的妻子陪嫁来一个厨司，叫伊尹，被奉为"厨祖"。他善谋，懂治国理政，成为汤的助手。伊尹把握时机，在鸣条（今山西运城安邑镇北）把桀的军队打败了。历史上把商汤伐夏称为商汤革命。

成汤灭掉暴君夏桀，命伊尹改编舞蹈《大濩》（dà hù），持矛以舞，象征成汤东征西怨，南征北怨，救护万民，因此称"护"（古代"濩"和"护"相通）。《大濩》虽然是武舞，但音乐宽厚温和，充满劝善仁爱的厚义。吴国公子季札欣赏《大濩》后，感叹地说："圣人之弘也，而犹有惭德，圣人之难也。""网开三面"的成语出于商汤。商汤狩猎，部下张网四面，祈祷禽兽尽入网中。汤命撤三面留一，祷告禽兽愿逃者逃，不愿逃者入网。①

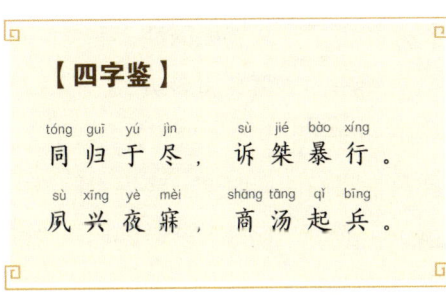

【四字鉴】

同归于尽，诉桀暴行。
夙兴夜寐，商汤起兵。

---

① 【《淮南子》】汤夙兴夜寐以致聪明，轻赋薄敛，以宽民氓，布德施惠以振困穷，吊死问疾以养孤孀，百姓亲附，政令流行。
【《列子·天瑞》】伊尹生乎空桑。
【《墨子·尚贤》】昔伊尹为莘氏女师仆。
【《左传》】见舞《韶濩》者，曰："圣人之弘也，而犹有惭德，圣人之难也。"

【四字鉴】

bǎi xìng yóu níng　　yīn dào fù xīng
百姓由宁，殷道复兴。
jiǎ gǔ wén zì　　yīn xū wén míng
甲骨文字，殷墟闻名。

商盘庚殷为都

　　盘庚，甲骨文中为盘庚，子姓，名旬，生卒年不详，商代第20位国王，祖丁子，兄阳甲。阳甲死后盘庚继位，在位时间约公元前1300年至公元前1277年。盘庚是一位很有作为的国王，为了改变当时社会不安定的局面，他决心再一次迁都，搬迁到殷（yīn）（安阳）；整顿商朝政治，使衰落的商朝出现了复兴的局面。盘庚迁殷后，继续"行汤之政，然后百姓由宁，殷道复兴"，经历了一段繁盛时期，后世又称商为"殷商"。盘庚死后，"百姓思盘庚"，作《盘庚》三篇，即保存在《尚书》中的《盘庚》三篇。①

　　青铜时代主要是指夏商西周时期。商周青铜器主要用于祭祀（礼器）和战争（兵器）。商朝后母戊鼎是世界上现存最大的青铜器。

---

① 【《尚书·盘庚上》】若网在纲，有条而不紊；若农服田，力穑乃亦有秋……若火之燎于原，不可向迩，其犹可扑灭？
【《史记》】行汤之政，然后百姓由宁，殷道复兴。
【《汉书》】昔者盘庚改邑以兴殷道，圣人美之。

纣暴酷文王图

商纣（zhòu）王聪敏勇力，百战百胜，平定东夷，南扩江淮，但人民负担沉重不堪。商纣王穷奢（shē）极欲，又粗暴，发明"酒池""肉林""炮烙"（páo luò）刑罚。这时，今陕西岐（qí）山周部落强大了。姬（jī）昌（周文王）是一个政治家，他禁止喝酒，不准乱打猎糟蹋庄稼，鼓励人民多种粮食，多养牛羊。纣王把周文王关在羑里（yǒu lǐ）（在今河南汤阴县一带）囚禁起来。周文王在禁中演绎（yì）了《易经》。《易经》

【四字鉴】

wén wáng qiú yǎn　　hòu tiān　　yì jīng
文王囚演，后天《易经》。
wǔ wáng fá zhòu　　ài mín ér yíng
武王伐纣，爱民而赢。

是中华传统文化源头之一。后纣王见了商部落献的美女珍宝，把周文王放了。文王归去后继续积蓄力量，归顺的部落越来越多。周文王死了以后，他儿子姬发灭商，建立周朝，姬发就是周武王。①

---

① 【《史记》】帝纣资辨捷疾，闻见甚敏；材力过人，手格猛兽。
【《史记》】（文王）其囚羑里，盖益易之八卦为六十四卦。
【《尚书大传》】纣死，武王皇皇，若天下之未定。召太公而问曰："入殷奈何？"太公曰："臣闻之也：爱人者，兼其屋上之乌；不爱人者，及其胥余。何如？"
【《易·乾·象》】天行健，君子以自强不息。
【《易·坤·象》】地势坤，君子以厚德载物。
【《周易·文言》】积善之家必有余庆，积不善之家必有余殃。臣弑其君，子弑其父，非一朝一夕之故，其所由来者渐矣。由辨之不早辨也。《易》曰："履霜，坚冰至。"盖言顺也。

姜尚钓扬名牧

周文王（姬昌）求贤若渴，暗暗物色人才。一天，他坐车到渭水北岸打猎，看见一个老头儿在钓鱼。周文王感觉此人有异，便下车拜见，才知他叫姜尚，精通兵法。便尊姜尚为太公望，即姜太公（姜太公钓鱼，愿者上钩。姜太公姜姓，吕氏，名尚，字子牙，号飞熊）。

商纣王众叛亲离，周武王请太公望做元帅，与八百诸侯会师，同心伐纣。待时机成熟，势如破竹，很快打到牧野（今河南淇县西南）。商纣王临时拼凑七十万商军，有一大半是临时武装起来的奴隶和从东夷

【四字鉴】

子牙钓鱼，文王相迎。
牧野之功，大器晚成。

抓来的俘虏，阵前纷纷倒戈。太公望指挥周军，趁势追击。商纣王逃回朝歌（zhāo gē），躲进鹿台，跳到火堆里自杀了。周武王灭了商朝，把国都搬到镐（hào）京（今陕西西安市西），建立了周王朝。①周武王去世后，年幼的周成王继位，由周武王弟弟周公旦代理政事。周公旦勤政，"周公吐哺，天下归心"。为了加强对全国的统治，巩固奴隶制政权，西周采取分封制：受封的诸侯享有封地的管理和收取赋税等权利；服从周天子的命令；向天子交纳贡品；平时镇守疆土，战时带兵随从天子作战。西周通过分封诸侯，不但巩固了周王室，而且扩大了统治范围，推动了边远地区的经济开发和文化繁荣发展。分封制又称封邦建国，简称"封建"；而封建社会是一种社会形态，两者不能等同。

---

① 【《史记》】故后世之言兵及周之阴权皆宗太公为本谋。
【《吕氏春秋》】太公望，东夷之士也，欲定一世而无其主，闻文王贤，故钓于渭以观之。
【《诗经》】牧野洋洋，檀车煌煌，驷騵彭彭。维师尚父，时维鹰扬。凉彼武王，肆伐大商，会朝清明。

【四字鉴】

gǔ dí shēng xiǎng, wǔ yáng rǔ yáng.
骨笛声响，舞阳汝阳。
nǚ wā é líng, bān guǎn dōu liáng.
女娲娥陵，斑管都良。

  1982年，中国社科院考古研究所在河南省汝州市中山寨遗址中发掘仙鹤腿尺骨制作而成的骨笛，长5.5厘米，外径在1～1.1厘米之间，壁厚0.11厘米，骨管上开有两竖排相互交错的10个按音孔。骨笛距今已有7000多年，疑12平均律"骨管定音器"。1983年至2001年，河南省舞阳县贾湖遗址先后出土几十支可吹奏的七孔骨笛，贾湖遗址距今7800～9000年。①

---

① 【《世本·氏姓篇》】女氏：天皇封弟娲于汝水之阳，后为天子，因称女皇。其后为女氏。
  【《世本·帝系篇》】女娲命娥陵氏制"都良管"，以一天下之音。命圣氏为"斑管"，合日月星辰，名曰"充乐"。乐既成，天下幽微无不得理。

第一篇

【四字鉴】

丝绸璀璨，古蜀服华。
面具神树，金玉象牙。

山海经三星堆

三星堆古遗址位于四川省广汉市西北的鸭子河南岸，被称为20世纪人类最伟大的考古发现之一。青铜大立人高2.62米，青铜面具宽1.38米，青铜神树高3.95米。1929年，农民燕道诚淘沟发现一坑玉石器。1931年，董笃宜将玉石器交华西大学博物馆保管。1934年，葛维汉、林名钧进行十天发掘，整理出《汉州发掘简报》。20世纪50年代，将三星堆遗址北部月亮湾和南部的三星堆，分别命名为"横梁子遗址"和"三星堆遗址"。1963年，冯汉骥领队发掘，认识到三星堆"一带遗址如此密集，很可能就是古代蜀国的一个中心都邑"。20世纪80年代初命名"三星堆文化"，1988年为全国重点文物保护单位。1989年至1995年，划定面积达3.6平方公里的三星堆古城范围。2021年3月20日，新发现的6个"祭祀坑"出土500多件重要文物，3个坑有象牙。3月21日，4号坑一根重达100多斤象牙被完整提取；4月12日，3号坑完整圆口方尊被成功提取。9月6日，三星堆3号坑再次出土一件青铜神树。9月8日,8号祭祀坑大型青铜器露头,2022年1月31日,体量最大、保存状况完好的大型青铜面具除夕夜亮相。6月15日,8号坑"大力士"、三星堆第二高的青铜立人成功提取,是世界上最大青铜立人像。立人瞳孔部分呈圆柱状向前突出,长达16.5厘米,身高1.7米左右,连座高2.62米,重180公斤。8月24日,8号坑内提取1米多长青铜神兽,重近300斤。9月,三星堆6座新发现祭祀坑已出土编号文物15109件,近完整器4060件。①

《山海经》《易经》《黄帝内经》并称为上古三大奇书。《山海经》"大荒""海内"多有记载巴、蜀之地的事迹。《山海经》记扶桑树上九只鸟,与三星堆出土神树九鸟对应。

---

① 【《春秋左传正义》】中国有礼仪之大,故称夏;有服章之美,谓之华。
【《华阳国志》】蜀侯蚕丛,其目纵,始称王。
【《山海经·大荒东经》】大荒之中,有山名曰孽摇頵羝。上有扶木,柱三百里,其叶如芥。有谷曰温源谷。汤谷上有扶木,一日方至,一日方出,皆载于乌。

【四字鉴】

xī zhōu hào jīng　　měi rén chéng pò
西周镐京，美人城破。
dōng zhōu luò yì　　chūn qiū zhàn guó
东周洛邑，春秋战国。

周幽王戏诸侯

周厉王暴政，公元前841年，国人（城市平民）忍无可忍，举行了一次大规模的暴动。"国人暴动"后，周宣王继位，周朝衰落了。

周宣王死后是周幽王，他因宠爱妃子褒姒，"烽火戏诸侯"而失信诸侯，后犬戎进攻镐京，幽王无助而被杀死。

周平王继位后，公元前770年迁都洛邑。因镐京在西，洛邑在东，历史上把此前周朝称西周，迁都后称为东周。东周分"春秋"和"战国"两个时期。春秋战国时期，王室衰落，大国诸侯称作霸主。①

---

① 【《史记》】褒姒不好笑，幽王欲其笑万方，故不笑。幽王为烽燧大鼓，有寇至则举烽火。诸侯悉至，至而无寇，褒姒乃大笑。幽王说之，为数举烽火。其后不信，诸侯益亦不至。

　　【《史记》】于是诸侯乃即申侯而共立故幽王太子宜臼，是为平王，以奉周祀。

【四字鉴】

guǎn zhòng fā jiàn　xiǎo bái bù chóu
管　仲　发　箭，小　白　不　仇。

zūn wáng rǎng yí　shǒu bà zhū hóu
尊　王　攘　夷，首　霸　诸　侯。

齐桓公不记仇

春秋首霸是齐，太公望的封国，都城临淄，即今山东淄博，齐有沿海盐等资源之利。

公元前686年，齐襄公被杀，他的两个兄弟公子纠、公子小白回齐国争夺君位。公子纠的师傅管仲用箭射倒回国争夺王位的公子小白，但衣带上的钩子救了小白。小白先到临淄，当了国君，即齐桓公。齐桓公的师傅鲍叔牙推荐管仲，齐桓公豁达大度，不但不办管仲的罪，还任命他为相，管理国政，齐国越来越富强。齐桓公终于当了诸侯的盟主。①

---

① 【《春秋公羊传》】南夷与北狄交。中国不绝若线，桓公救中国，而攘夷狄。
【《论语》】管仲相桓公，霸诸侯，一匡天下，民到于今受其赐。
【《史记》】鲁闻无知死，亦发兵送公子纠，而使管仲别将兵遮莒道，射中小白带钩。小白详死，管仲使人驰报鲁。鲁送纠者行益迟，六日至齐，则小白已入，高傒立之，是为桓公。
【《东周列国志》】桓公与管夷吾连语三日三夜，字字投机，全不知倦。桓公大悦，乃复斋戒三日，告于太庙，欲拜管夷吾为相。夷吾辞而不受。桓公曰："吾纳子之伯策，欲成吾志，故拜子为相，何为不受？"对曰："臣闻大厦之成，非一木之材也；大海之阔，非一流之归也。君必欲成其大志，则用五杰。"
【《管子·九守》】以天下之目视，则无不见也；以天下之耳听，则无不闻也；以天下之心虑，则无不知也。
【《管子·版法解》】与天下同利者，天下持之；擅天下之利者，天下谋之。
【《管子·立政》】山泽救于火，草木植成，国之富也。
【《管子·八观》】彼民非谷不食，谷非地不生，地非民不动，民非作力，毋以致财。
【《管子·治国》】故治国常富，而乱国常贫。

管鲍交 钟俞友

【四字鉴】

管鲍之交，信任为最。
子期伯牙，高山流水。

　　管仲和鲍叔牙曾合伙做买卖。管穷，本钱少分红多。鲍手下的人以为管贪。鲍说："他家生活困难。"管办事办砸了，鲍不生气，说："时机不好。"管做官三次被免，鲍认为是管没有碰到贵人。管进兵打仗时躲在后，退却时跑在最前。士兵瞧他不起，鲍说："管仲家里有老母亲要侍奉。"管仲听到鲍这些话，感动说："生我的是父母，了解我的是鲍叔牙啊！"管鲍成生死之交。①如何了解一个人的人品？俞伯牙弹琴，钟子期听。琴声起，志在登高，钟说："真好啊！好像泰山一样高大。"一会儿，琴声如流水不息，钟说："好像长江、黄河一样激荡。"钟死后，伯牙摔琴断弦，终身不弹。弹琴如纳贤。即使有贤德的人，如不以礼相待，何以为忠呢？驭技不好，千里马如何能行千里？！②

---

① 【《史记》】管仲曰："吾始困时，尝与鲍叔贾，分财利多自与，鲍叔不以我为贪，知我贫也。吾尝为鲍叔谋事而更穷困，鲍叔不以我为愚，知时有利不利也。吾尝三仕三见逐于君，鲍叔不以我为不肖，知我不遭时也。吾尝三战三走，鲍叔不以我怯，知我有老母也。公子纠败，召忽死之，吾幽囚受辱，鲍叔不以我为无耻，知我不羞小节，而耻功名不显于天下也。生我者父母，知我者鲍子也。"

② 【《列子》】"生我者父母，知我者鲍子也！"此世称管、鲍善交者……伯牙善鼓琴，钟子期善听。伯牙鼓琴，志在登高山。钟子期曰："善哉！峨峨兮若泰山！"志在流水。钟子期曰："善哉！洋洋兮若江河！"

【《列子·说符》】是故圣人见出以知入，观往以知来。

晋文公胜城濮

晋公子重耳流亡到楚国。楚成王以国礼相迎，待为上宾。一天，楚王在宴饮中问重耳："你若有一天回晋国当上国君，该怎么报答我呢？"重耳说："要是能回国当政的话，我愿与贵国友好。假如有一天，晋楚之间发生战争，我一定命令晋军先退避三舍（一舍等于三十里），再交战。"

四年后，重耳回国当了国君，就是晋文公，晋国日益强大。公元前633年，楚晋开战，晋文公按照承诺，下令军队后退九十里，驻扎在城濮。楚军追击。晋军诱敌深入，大破楚军，取得了城濮之战的胜利。①

【四字鉴】

tuì bì sān shè　chóng ěr bào chǔ
退 避 三 舍，重 耳 报 楚。
yí zhàn yáng míng　fèng wéi bà zhǔ
一 战 扬 名，奉 为 霸 主。

① 【《左传》】春秋晋公子重耳出亡至楚，楚成王礼遇重耳，并问："公子若反晋国，则何以报不谷？"重耳对曰："若以君之灵，得反晋国，晋楚治兵，遇于中原，其辟君三舍。"后重耳返国执政，晋楚城濮之战，晋军果"退三舍以辟之"。

楚庄王衝天鹄

公元前613年，楚庄王即位，白天打猎，晚上喝酒、听音乐，不理国事整整三年，不准群臣上谏，劝则死罪。伍举让楚王猜谜，说："楚国山上有大鸟，身披五彩，样子神气。但一停三年，不飞也不叫，这是什么鸟？"楚庄王说："这可不是普通的鸟。这鸟不飞则已，一飞冲天；不鸣则已，一鸣惊人。"过后，苏从冒死去劝说楚庄王。楚庄王问他："你难道不知道我下的禁令吗？"苏从说："劝谏被判了死罪，也是自己心甘情愿的。"

楚庄王很高兴，时机成熟，马上把一批奉承拍马的人撤了职，把敢于进谏的伍举、苏从提拔起来，帮助他处理国政，同时制造武器、操练兵马，收服南方部落，打败宋国、戎族，在周都洛邑的郊外举行阅兵。后楚庄王在孙叔敖帮助下，开垦荒地、挖掘河道、奖励生产，楚国更加强大。楚国先后平定郑陈两国内乱，打败晋国军队，楚庄王成了霸主。齐桓公、晋文公、宋襄公、秦穆公和楚庄王通常被称为"春秋五霸"。①

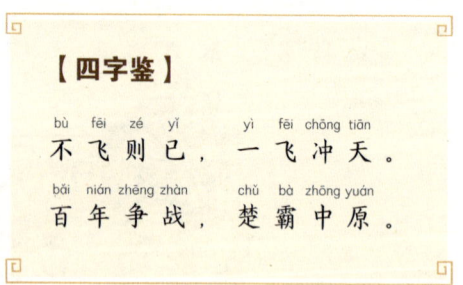

【四字鉴】

bù fēi zé yǐ　　yì fēi chōng tiān
不飞则已，一飞冲天。
bǎi nián zhēng zhàn　　chǔ bà zhōng yuán
百年争战，楚霸中原。

---

① 《史记·楚世家》伍举入谏。庄王左抱郑姬，右抱越女，坐钟鼓之间。伍举曰："愿有进。"隐曰："有鸟在于阜，三年不蜚不鸣，是何鸟也？"庄王曰："三年不蜚，蜚将冲天；三年不鸣，鸣将惊人。举退矣，吾知之矣。"居数月，淫益甚。大夫苏从乃入谏。王曰："若不闻令乎？"对曰："杀身以明君，臣之愿也。"于是乃罢淫乐，听政，所诛者数百人，所进者数百人，任伍举、苏从以政，国人大说。是岁灭庸。

叶公画水利图

叶公（前528—前439），名沈诸梁，字子高，生于春秋时楚国王室，"春秋五霸"之楚庄王玄孙。孔子评价叶公之政，"近者悦，远者来"。《论语》载，孔子拜见叶公。叶公说："吾党有直躬者，其父攘羊，而子证之。"孔子说："吾党之直者异于是。父为子隐，子为父隐，直在其中矣。"叶公之父沈尹戍，楚平王时封爵于沈鹿，任沈尹，更姓为沈。叶公任地方官时，修筑东、西二陂抗旱防灾，蓄水灌田，以利农桑。西陂注方城山之水，东陂引澧河之水，须统筹规划，巧妙施工。叶公在墙壁绘制出一幅幅巨大的渠网水系图，一如群龙起舞，许多人都认为叶公好龙所以画龙，一位客人认为叶公并不真喜欢龙，说："风从虎，云从龙。图中之龙不画云，故从得知。"叶公笑笑说："我只想引龙出水，不求腾云驾雾。"客人问道："何谓引龙出水？"叶公说："凿渠引龙，龙就出水了。"客人又问道："群龙真可以引出水吗？"叶公说："少引则宜，多引则惧。"客人又问其中原因，叶公接着说："引一龙而需工千额，需粮万斛，所以不可不慎重。"公元前479年，叶公除白公胜之乱救惠王，官至令尹、司马，集军政大权于一身，后主动让位，归隐叶县。①

【四字鉴】

záo qú yǐn lóng　　píng bái gōng jié
凿渠引龙，平白公劫。
yè gōng wèn zhèng　　bǐng gōng zhí fǎ
叶公问政，秉公执法。

---

① 【《左传·隐公六年》】亲仁善邻，国之宝也，君其许郑。

勾践忍擂吞吴

【四字鉴】

十年生聚，十年教训。
卧薪尝胆，越王发奋。

　　越王勾践军队被吴王夫差打败，勾践给夫差喂马、牵马两年，勾践的谋臣范蠡跟着做奴仆。吴王看越王真心归顺，便放了他。

　　勾践立志雪耻，但是安逸是极容易消磨志气的，因此，他在吃饭的地方挂上苦胆，饭前必先尝，还把席子换成柴草睡，这就是"卧薪尝胆"的故事。勾践为使越国富强，亲自耕种，他夫人也自己织布。奖励生育，让文种理政，范蠡训练兵马，全国人民同仇敌忾。十年后，越王勾践终于灭了吴国。吴越争霸，越国反胜，也标志着春秋结束。①

---

① 【《史记》】越王勾践反（返）国，乃苦身焦思，置胆于坐，坐卧即仰胆，饮食亦尝胆也。
【冯梦龙《东周列国志》】一时之强弱在力，千古之胜负在理。

孙武（约前545—前470），字长卿，春秋末期齐国乐安（今山东省北部）人。春秋兵家代表人物。称孙子、孙武子、孙卿子。

【四字鉴】

知彼知己，百战不殆。
孙子兵法，享誉中外。

兵家祖尊孙武

孙武把自己著作兵书十三篇（《孙子兵法》）献给吴王阖闾，吴王赞不绝口，挑选100多名宫女让他试练。孙武指定吴王两位爱妃担任左右两队队长，宫女们不听号令，大笑不止，队形很乱。孙武要斩两位队长。吴王求情，孙武不从，说："将在军中，君命有所不受。"杀掉了两位队长，继续操练，全都合乎规矩，阵形十分齐整。孙武看到吴王还是不悦，便说："令行禁止，赏罚分明，是兵家常法，治军通则。对士卒一定要威严，他们才会听从号令，克敌制胜。"吴王转怒为喜，拜孙武为将军。孙武帮助吴王成为春秋霸主。①

---

① 【《荀子·议兵》】临武君与孙卿子议兵于赵孝成王前，王曰："请问兵要？"临武君对曰："上得天时，下得地利，观敌之变动，后之发，先之至，此用兵之要术也。"孙卿子曰："不然！臣所闻古之道，凡用兵攻战之本，在乎壹民。弓矢不调，则羿不能以中微；六马不和，则造父不能以致远；士民不亲附，则汤武不能以必胜也。故善附民者，是乃善用兵者也，故兵要在乎善附民而已。"临武君曰："不然。兵之所贵者埶利也，所行者变诈也。善用兵者，感忽悠暗，莫知其所从出。孙吴用之无敌于天下，岂必待附民哉！"孙卿子曰："不然。臣之所道，仁者之兵，王者之志也。君之所贵，权谋埶利也；所行，攻夺变诈也；诸侯之事也。"

【《孙子兵法》】兵者，国之大事，死生之地，存亡之道，不可不察也……是故百战百胜，非善之善者也；不战而屈人之兵，善之善者也。

【《孙子兵法》】故善战者，立于不败之地，而不失敌之败也。

孙膑诱庞涓树

孙膑（约前380—前432），战国兵家代表人物，孙武后裔。山东阳谷、鄄城北一带人。魏惠王信任大将庞涓，庞涓自知孙膑能耐超过自己，魏惠王请来孙膑，庞涓诬陷孙膑私通齐国，魏惠王大怒，把孙膑两块膝盖骨（髌骨）剜掉了。齐国有个使臣偷偷把孙膑救回齐国，齐威王对孙膑大为赏识。孙膑先以围魏救赵之计策，大败庞涓。后以减灶之计引诱庞涓一直追到马陵（今河北大名县东南），此时天快黑了，前面的兵士向庞涓报告说："前面的路给木头堵住啦！"庞涓上前看，一棵大树上面刮掉树皮，

【四字鉴】

wéi wèi jiù zhào　　gōng qí bì jiù
围 魏 救 赵，攻 其 必 救。

jiǎn zào yòu páng　　wàn jiàn děng hòu
减 灶 诱 庞，万 箭 等 候。

写着大字，看不清楚。兵士拿火来照，写的是："庞涓死于此树下！"庞涓大惊，吩咐撤退，四周的箭像飞蝗似的射向魏军。庞涓走投无路，拔剑自杀。此后，孙膑名声大振，《孙膑兵法》流传至今。①

---

① 【《史记》】孙子度其行，暮当至马陵。马陵道狭，而旁多阻隘，可伏兵，乃斫大树白而书之曰"庞涓死于此树之下"。于是令齐军善射者万弩，夹道而伏，期曰"暮见火举而俱发"。庞涓果夜至斫木下，见白书，乃钻火烛之。读其书未毕，齐军万弩俱发，魏军大乱相失。庞涓自知智穷兵败，乃自刭，曰："遂成竖子之名！"齐因乘胜尽破其军，虏魏太子申以归。孙膑以此名显天下，世传其兵法。

【《史记》】忌数与齐诸公子驰逐重射。孙子见其马足不甚相远，马有上、中、下、辈。于是孙子谓田忌曰："君弟重射，臣能令君胜。"田忌信然之，与王及诸公子逐射千金。及临质，孙子曰："今以君之下驷与彼上驷，取君上驷与彼中驷，取君中驷与彼下驷。"既驰三辈毕，而田忌一不胜而再胜，卒得王千金。于是忌进孙子于威王。威王问兵法，遂以为师。

合纵张连横苏

苏秦（？—前284），字季子，今河南洛阳人，战国纵横家，师从鬼谷子，游说多年，潦倒而归。后苦读《阴符》，提出了"合纵"六国以抗秦的战略。同时，苏秦帮助同学张仪到秦国实行"连横"战略（靠拢秦国，去攻击别的国家）。苏秦每游说一个国家，都从对方的利益出发，似设身处地地替对方考虑问题，而从不言及他国及自己在合纵中可能受益，对方因而乐意接受，最终六国达成了合纵联盟，共同抗秦。苏秦被任命为从约长（合纵联盟的联盟长），任六国的国相。苏秦早年游历列国，困窘而归，家人都私下讥笑他。苏秦身佩六国相印，途经家乡洛阳。

【四字鉴】

zhāo qín mù chǔ　zhāng yí sū qín
朝 秦 暮 楚，张 仪 苏 秦。
liù guó xiāng yìn　sǎo bài duō jīn
六 国 相 印，嫂 拜 多 金。

苏秦的家人都匍匐在地，不敢仰视。苏秦对他嫂子说："为何以前傲慢，后来恭敬呢？"他的嫂子趴在地上说："因为您地位显贵，钱财多啊。"苏秦感慨万千，说："一个人，富贵了，亲戚敬畏；贫贱时，连亲戚都轻视。如果我当初在洛阳有二顷良田维持生活，怎会去努力，到现在佩戴六国相印呢！"随之散发千金赏赐亲友。①

---

① 【据《韩非子·五蠹篇》】"合纵"，即"合众弱以攻一强"，就是许多弱国联合起来抵抗一个强国，以防止强国的兼并。"连横"，即"事一强以攻众弱"。
【《史记》】三晋多权变之士，夫言从衡强秦者大抵皆三晋之人也。夫张仪之行事甚于苏秦，然世恶苏秦者，以其先死，而仪振暴其短以扶其说，成其衡道。要之，此两人真倾危之士哉！
【《史记·张仪列传》】始尝与苏秦俱事鬼谷先生，学术，苏秦自以不及张仪。张仪已学游说诸侯。
【《破窑赋》】苏秦未遇，归家时，父母憎，兄弟恶，嫂不下玑，妻不愿炊，然衣锦归故里，马壮人强，萤光彩布，兄弟含笑出户迎，妻嫂下阶倾己顾，苏秦本是旧苏秦，昔日何陈今何亲。自家骨肉尚如此，何况区区陌路人，抑犹未也。

【四字鉴】

dū jiāng yàn zhù　　chéng dū tiān fǔ
都 江 堰 筑，成 都 天 府。
lǐ bīng fù zǐ　　　bèi gòng miào zhǔ
李 冰 父 子，被 供 庙 主。

都江堰李冰修

李冰（约前302—前235），是战国时期水利工程学家，秦国蜀郡太守。李冰父子设计和兴建了四川省中部岷江中游的都江堰，由分水堰、飞沙堰和宝瓶口三个主要工程组成，规模宏大，布局合理，兼有防洪、灌溉和航行作用。二千多年来，都江堰一直发挥着作用，确保了当地农业生产，成都平原成为"天府之国"。都江堰是防洪灌溉水利工程，代表了我国当时水利工程的先进水平，是古代劳动人民智慧的结晶。[1]

---

[1] 【《唐书·地理志》】大郎（王）庙，在治（什邡）北五十里，大蓬山之阳，蜀太守李冰神祠。
【都江堰二王庙对联】六字炳千秋，十四县民命食天，尽是此公赐予；万流归一汇，八百里青城沃野，都从太守得来。

商鞅法秦强富

商鞅（约前390—前338），今河南安阳人，战国时期法家代表人物。秦孝公即位后广纳人才，卫国贵族公孙鞅（即商鞅）得不到本国重用，跑到秦国。商鞅对秦孝公说："强国治国，必须注意农业，奖励军功，赏罚分明，朝廷要有威信。"秦孝公拜商鞅为左庶长，推行改革。商鞅起草法令后，叫人在都城的南门竖了一根三丈高的木头，说："谁能把这根木头扛到北门去的，就赏十两金子。"大家不相信，没人行动。商鞅就把赏金提到五十两。大伙儿只是议论纷纷，这时一个人跑出来，说："我来试试。"把木头搬到北门，商鞅立刻赏给扛木头的人五十两金子。随后商鞅把他起草的新法令公布出去。①

自从商鞅变法以后，秦国越来越富强。有人告发商鞅"欲反"，秦惠王下令逮捕。商鞅逃亡，因留宿无凭证的客人按商鞅之法是要治罪的，商鞅无处可去，最后被杀。春秋以来，铁器、牛耕的使用和推广，大大提高了生产力；到战国时期，新兴地

---

① 【《史记·商君列传》】令既具，未布，恐民之不信，已乃立三丈之木于国都市南门，募民有能徙置北门者予十金。民怪之，莫敢徙。复曰"能徙者予五十金"。有一人徙之，辄予五十金，以明不欺。卒下令。

【《盐铁论》】昔商君相秦也，内立法度，严刑罚，饬政教，奸伪无所容。外设百倍之利，收山泽之税，国富民强，器械完饰，蓄积有余……夫商君起布衣，自魏入秦，期年而相之，革法明教，而秦人大治。故兵动而地割，兵休而国富……功如丘山，名传后世。

【商鞅】治世不一道，便国不法古。

【四字鉴】

竖杆立信，慷慨加金。
作法自毙，变法强秦。

主阶级逐渐强大，他们要求建立新型统治，发展封建经济，因此纷纷要求变法。为富国强兵，公元前356年，商鞅在秦孝公的支持下实行变法，国家承认土地私有，允许自由买卖，建立了封建土地所有制；奖励耕织，生产粮食布帛多的人，免除徭役；奖励军功，按军功大小封爵授田，贵族子弟没有军功，就不能享受这种待遇；废除分封制，建立县制，县制加强了中央集权，为后来的封建王朝长期沿用，直到今天仍在沿用，在我国历史上影响深远；编定户口，实行什伍连坐制，加强了对人民的统治。变法对旧贵族打击最大的是奖励耕战。变法代表了新兴地主阶级的利益，表明以土地国有制为标志的奴隶制度彻底瓦解，以土地私有制为标志的封建制度建立起来。经过商鞅变法，秦国废除了奴隶制，发展了封建经济，秦国军队战斗力加强，逐步成为战国后期最富强的封建国家，为以后兼并六国、实现统一打下了坚实的基础。而秦统一的根本原因是顺应了历史潮流。

【四字鉴】

法治集权，始皇叹服。
因妒其才，李斯使毒。

　　韩非和李斯都是荀况的学生。韩非向韩王进谏，没被重用，便关门写了本《韩非子》，主张君主集权，加强法治。书被秦王嬴政看到，嬴政十分赞赏，说："如果我能和这个人见见面，该多好啊。"韩非到秦国，表示愿帮助秦国统一天下。李斯怕韩非取代他的地位，建议秦王找个罪名把韩非杀掉。秦王扣押韩非，李斯送韩非毒药，让他自杀了。秦王后悔已经晚了，十分懊恼。①

韩非法嬴政读

---

① 【《韩非子·大体》】君王应如"日月所照，四时所行，云布风动；不以智累心，不以私累己；寄治乱于法术，托是非于赏罚，属轻重于权衡。"
【《韩非子·喻老》】志之难也，不在胜人，在自胜也。
【《韩非子·心度》】法与时转则治，治与世宜则有功。
【《慎子·逸文》】法非从天下，非从地出，发于人间，合乎人心而已。
【《慎子·逸文》】故治国无其法则乱，守法而不变则衰。

秦始皇雄千古

秦始皇（前259—前210），嬴政，邯郸人。公元前221年，秦王嬴政建立了我国历史上第一个统一的多民族的封建国家——秦朝，定都咸阳。秦巩固统一采取的措施：政治上：建立专制主义的中央集权制度。最高统治者称皇帝，总揽一切军政大权。在中央设立丞相（协助皇帝掌管政事）、太尉（掌军事）、御史大夫（管监察）；在地方废除分封制，在全国普遍推行郡县制。中央和地方的重要官吏都由皇帝任免。此后历代王朝都沿用这种制度。经济上：统一货币，规定在全国统一使用圆形方孔铜钱。统一度量衡。文化上：统一文字，把小篆作为全国规范的文字，后又推广更为简单的隶书。"书同文，车同轨"（六尺车轮距离）。思想上："焚书坑儒"，危害是钳制人们的思想，摧残了文化，给中国古代文化造成了巨大的损失。军事上：北击匈奴修长城（西起临

【四字鉴】

cháng chéng líng qú　　jūn zhǔ zhuān zhì
长 城 灵 渠，　君 主 专 制。

tǒng dù liáng héng　　liù guó zì bì
统 度 量 衡，　六 国 字 币。

洮，东到辽东）；南统越族开灵渠。公元前219年，秦始皇命监御史禄在兴安湘江与漓江之间修建工运河，运载粮饷。公元前214年，灵渠凿成，秦始皇迅速统一岭南。

秦始皇是对中国历史做出重大贡献、产生过巨大影响的皇帝，但他也给人民带来了无比的痛苦和巨大的灾难。从当时的历史条件看，功过相比，秦始皇功大于过。秦的统一结束了春秋战国以来诸侯长期割据战争的局面，建立起我国历史上第一个统一的多民族的封建国家，有利于人民生活的安定和社会的发展。对我国经济文化的发展和交流以及中华民族的发展有重要意义。秦朝是第一次也是真正意义上在中国历史上完成了统一，开创了一个新局面。在我国两千多年的封建社会里，虽然也出现过分裂割据的时期，但统一始终是历史发展的主流。①

---

① 【李贽《藏书》】始皇帝，自是千古一帝也。始皇出世，李斯相之。天崩地坼，掀翻一个世界。是圣是魔，未可轻议。祖龙是千古英雄挣得一个天下。
【秦·吕不韦《吕氏春秋》】昔先圣王之治天下也，必先公。公则天下平矣。平得于公。尝试观于上志，有得天下者众矣，其得之以公，其失之必以偏。凡主之立也，生于公。故《鸿范》曰："无偏无党，王道荡荡。无偏无颇，遵王之义。无或作好，遵王之道。无或作恶，遵王之路。"

李丞相令焚书

李斯（约前280—前208），秦朝丞相。春秋战国时就已出现郡和县，秦朝把郡县制推向全国。秦始皇接受李斯建议，废除分封制，改用郡县制，把全国分为三十六个郡，郡下面再分县，由朝廷直接任命郡的长官。国家政事不论大小，都由皇帝决定。

秦始皇采用李斯主张，下令：除医药、种树等书籍外，《诗》、《书》、百家言论等书籍，全部烧掉；谁要以古非今，满门抄斩。有两个方士（卢生、侯生）议论皇帝不是，秦始皇大为恼火，下令埋了四百六十多个儒生，其余流放。这就是历史上所说的"焚书坑儒"。①

【四字鉴】

jùn xiàn zhì xíng　　lǐ sī tí chàng
郡 县 制 行，李 斯 提 倡。
fén shū kēng rú　　wén huà zāo yāng
焚 书 坑 儒，文 化 遭 殃。

---

① 【《史记》】廷尉李斯议曰："周文武所封子弟同姓甚众，然后属疏远，相攻击如仇雠，诸侯更相诛伐，周天子弗能禁止。今海内赖陛下神灵一统，皆为郡县，诸子功臣以公赋税重赏赐之，甚足易制。"

【《史记》】丞相李斯曰："……臣请史官非秦记皆烧之。非博士官所职，天下敢有藏诗、书、百家语者，悉诣守、尉杂烧之。有敢偶语诗书者弃市。以古非今者族。吏见知不举者与同罪。令下三十日不烧，黥为城旦。所不去者，医药卜筮种树之书。"

【石鼓文】先秦时期刻于石鼓上的文字称石鼓文，唐初发现石鼓10枚，高约3尺，径约2尺，都刻有大篆四言诗一首，10首诗计718字。

【四字鉴】

指鹿为马，专权赵高。
二世残暴，秦朝命夭。

秦二世胡亥（前230—前207）。赵高，丞相、宦官。赵高想要叛乱（夺秦政权），担心诸大臣不从，便设下圈套试探，把一只鹿牵到秦二世面前，说："这是一匹马。"秦二世笑说："丞相错了吧？把鹿说成是马了。"大臣们有的保持沉默，有的故意迎合赵高，说："是马。"有的说："当然是鹿。"赵高就在暗中假借法律陷害说鹿的大臣。所以后来，大家都对赵高很畏惧。①

赵高马实象鹿

① 【《史记》】赵高欲为乱，恐群臣不听，乃先设验，持鹿献于二世，曰："马也。"二世笑曰："丞相误邪？谓鹿为马。"问左右，左右或默，或言马以阿顺赵高。或言鹿，高因阴中诸言鹿者以法。后群臣皆畏高。

第一篇 | 037

大泽乡陈胜吴广

【四字鉴】

yàn què ān zhī, hóng hú zhī zhì
燕雀安知，鸿鹄之志。
nìng yǒu zhǒng hū, jiē gān ér qǐ
宁有种乎，揭竿而起。

陈胜（？—前208），今河南商水西南人。吴广（？—前208），字叔，今河南太康人。陈胜年轻有志气，有一次田间休息，对伙伴们说，将来富贵了，不会忘了老朋友！大伙儿觉得好笑，卖力气种地，哪儿来的富贵？陈胜叹口气，说："燕雀怎么会懂得鸿雁的志向呢！"公元前209年，陈胜、吴广等九百名壮丁民夫被押送到渔阳，途经大泽乡（今安徽宿县东南），遇上大雨淹道，误了行程获罪，按法可能被杀。陈胜与吴广商量准备起事，为提高大家信心，用朱砂在一块白绸条上写"陈胜王"三字，塞入鱼肚。兵士们买回剖鱼发现，十分惊奇。半夜，吴广又跑到一破庙里，点火作狐狸

叫,喊:"大楚兴,陈胜王。"大家敬畏起陈胜来。随后,吴广借醉杀了押送军官,带领大家起义。陈胜说:"男子汉大丈夫不要白白送死。王侯将相,难道是命里注定的吗!"陈胜就被拥戴为王,国号"张楚"。①

---

① 【《史记·陈涉世家》】且壮士不死即已,死即举大名耳,王侯将相宁有种乎!
【《陈涉亡秦论》】夫陈涉以迁徙之徒,无才无德,渔阳一呼,卒移秦祚。使刘邦得以成功者,又未使非涉之力也。假使陈胜不骄,仍以昔之爱民者爱之,则中原逐鹿,又多一劲敌,汉之为汉,未可知也。又何止成一草莽之英雄也哉!呜呼!亡秦者始皇也,非陈涉也。陈涉以是而亡秦,转以是而自亡之。前车之鉴,始皇不能鉴于六国,而陈涉复蹈其后以亡,毋亦大可悲耶!后之人览之不能自鉴,毋亦与陈涉生一同情之感也,悲夫!

楚项羽拼巨鹿

项羽（前232—前202），项氏，名籍，字羽，今江苏宿迁人，楚国名将项燕之孙。

公元前207年，秦军章邯率领王离、涉间共四十万围攻巨鹿数万楚军（义军）。章邯军驻扎在棘原，项羽军于漳水南，两军相持。项羽率领义军主力渡过章水河进攻秦军。渡河后，项羽令将士们，每人只带三天的干粮，把做饭的釜锅全部砸了，把渡河的船全都凿沉（"破釜沉舟"），说："这仗有进无退，三天之内，一定要把秦兵打败。"项羽置之死地而后生的决心和勇气，极大地鼓舞了将士们。义军把秦军王离部队包围后，士气振奋，越战越勇，以一当十，以十当百。经九次激烈战斗，瓦解了秦军。巨鹿之战项羽大胜，此后，项羽成了各路秦末义军的首领。①

【四字鉴】

pò fǔ chén zhōu　xī chǔ bà wáng
破 釜 沉 舟，西 楚 霸 王。
gāng bì zì yòng．zì wěn wū jiāng
刚 愎 自 用，自 刎 乌 江。

---

① 【《史记》】项羽乃悉引兵渡（漳）河，皆沉船，破釜甑，烧庐舍，持三日粮，以示士卒必死，无一还心。

【《史记》】项王有倍约之名，杀义帝之负；于人之功无所记，于人之罪无所忘；战胜而不得其赏，拔城而不得其封；非项氏莫得用事；为人刻印，刓而不能授；攻城得赂，积而不能赏；天下畔之，贤才怨之，而莫为之用。故天下之士归于汉王，可坐而策也。

【四字鉴】

运筹张良，萧何能相。
韩信将兵，刘邦将将。

刘邦汉论功臣

"楚汉之争"以汉王刘邦取得最后胜利，公元前202年，刘邦即位，建都洛阳，刘邦就是汉高祖。后来迁都到长安（今陕西西安），史称为"西汉"。刘邦即位不久，在洛阳南宫庆功，在宴会上问大臣们他得天下和项羽失天下的原因。大臣王陵等说："打下城池，有封有赏，所以我们肯为皇上效劳；项羽对人猜疑、妒忌，打了胜仗不记功，所以失去天下。"刘邦笑说："你们只知其一，不知其二。成败全在于会不会用人。坐在帐帷里就能算得准千里以外的胜利，我不如张良；治理国家，安抚百姓，保证前方军粮充足，我比不上萧何；统领百万大军，每战必胜，攻城即下，我无论如何也赶不上韩信。我能够重用这三个当代豪杰，就是得天下的真正原因。项羽有一个范增，但都不能用，所以失败。"萧何、张良、韩信因此被称为"汉初三杰"。①

---

① 【《史记》】高祖曰："公知其一，未知其二。夫运筹策帷帐之中，决胜于千里之外，吾不如子房（张良字子房）。镇国家，抚百姓，给馈饷（军队粮饷），不绝粮道，吾不如萧何。连百万之军，战必胜，功必取，吾不如韩信。此三者，皆人杰也，吾能用之，此吾所以取天下也。项羽有一范增而不能用，此其所以为我擒也。"

第一篇 | 041

【四字鉴】

饥不可食，寒不可衣。
黄金珠玉，不如粟米。

文景治减租赋

公元前179年到前141年，汉文帝刘恒、汉景帝刘启统治时期，史称"文景之治"。汉文帝十分重视农业生产，下诏劝课农桑，按户比例设置三老、孝悌、力田若干员，给予赏赐以鼓励农耕。注意减轻人民负担，曾两次将租率减为三十税一，前十三年还全部免去田租。算赋也由每年120钱减至每人每年40钱，徭役则减至每3年服役一次。

景帝准许百姓从贫瘠地区迁往土地肥沃地区，以利发展农业。下诏申明以农为立国之本，强调重本抑末："雕文刻镂，伤农事者也；锦绣纂组，害女红者也。农事伤则饥之本也，女红害则寒之原也。""吏发民若取庸采黄金珠玉者，坐臧为盗，二千石听者，与同罪。"[1]

---

[1] 【《史记·孝文本纪》】农，天下之本，务莫大焉。今勤身从事而有租税之赋，是为本末者毋以异，其于劝农之道未备。其除田之租税。
【《汉书·景帝纪》】农，天下之本也。黄金珠玉，饥不可食，寒不可衣……其令郡国务劝农桑，益种树，可得衣食物。
【汉代贾谊《治安策》】令海内之势如身之使臂，臂之使指。

【四字鉴】

qī guó zhī luàn　wú wáng lái fàn
七 国 之 乱，吴 王 来 犯。
cuò shā cháo cuò　jǐng dì píng fǎn
错 杀 晁 错，景 帝 平 反。

汉景帝采用休养生息的政策。汉初除郡县制外，还封了二十二个刘氏诸侯王。诸侯势力越来越大，吴王刘濞等不受朝廷的约束，自己煮盐采铜，骄横得很。晁错（前200—前154）是景帝提升的御史大夫，建议削减诸侯的封地。

公元前154年，吴王濞先造起反来了。七国诸侯打着"诛晁错、清君侧"的旗号，联兵反叛。景帝把晁错腰斩了，但后悔已来不及。景帝用周亚夫为太尉，统率三十六名将军去讨伐叛军，精兵出击，把带头叛乱的吴、楚两国的兵马打得一败涂地。其余五个国家也很快地垮了，七国叛乱平定，巩固了汉政权。①

---

① 【田锡《晁错论》】晁错虽怀独见之明，而切忧君之志，然骤然欲削黜诸侯之爵士，使本强而枝弱，毋乃智术未周乎！亦犹解结而急之，则其结益固也。
【晁错《论贵粟疏》】方今之务，莫若使民务农而已矣。欲民务农，在于贵粟；贵粟之道，在于使民以粟为赏罚。
【陆贾·新语】故为威不强还自亡，立法不明还自伤，鲁庄公之谓也。

大一统西汉武

阿娇即是陈皇后,原是汉景帝外甥女,生得楚楚动人、甜美妩媚。一天,汉景帝问玩耍的小儿子刘彻(即汉武帝):"我把阿娇姐姐嫁给你为妻好吗?"刘彻常与阿娇嬉戏,便答:"好啊!如果阿娇姐姐嫁给我,我就盖一栋黄金屋,藏之于内!"小小年纪已懂得金屋藏娇。

汉武帝(前140—前87)在位,他派兵平定南方闽越国的动乱后,开始着手以军事手段解决北方匈奴的威胁。派卫青、霍去病三次大规模出击,收河套地区,夺取河西走廊,封狼居胥,汉朝疆域从长城沿线推至漠北。张骞出使西域,丝绸之路由此而始。刘彻是政治家,也是文学爱好者、提倡辞赋的诗人。作《秋风辞》,清丽隽永,笔调流畅。"秋风起兮白云飞,草木黄落兮雁南归。兰有秀兮菊有芳,怀佳人兮不能忘。泛楼船兮济

> **【四字鉴】**
>
> jīn wū cáng jiāo　　liú chè yīng háo
> 金 屋 藏 娇，　刘 彻 英 豪。
> zhì dìng fán róng　　wǔ lüè wén tāo
> 治 定 繁 荣，　武 略 文 韬。

汾河，横中流兮扬素波。箫鼓鸣兮发棹歌，欢乐极兮哀情多。少壮几时兮奈老何！"①

汉武帝为实现大一统，加强中央集权，巩固封建统治。政治上颁布"推恩令"，实行削藩政策，加强中央集权。经济上统一铸钱（五铢钱），实行盐铁官营，促进经济发展。思想上实行"罢黜百家，独尊儒术"，以儒家思想作为封建正统思想。外交上派张骞出使西域，加强民族联系，拓展疆域，开通丝绸之路。军事上大力反击匈奴，进一步发展和巩固了国家的统一。

---

① 【《汉书》】孝武初立，卓然罢黜百家，表章六经。遂畴咨海内，举其俊茂，与之立功。兴太学，修郊祀，改正朔，定历数，协音律，作诗乐，建封禅，礼百神，绍周后，号令文章，焕焉可述。后嗣得遵洪业，而有三代之风。如武帝之雄才大略，不改文、景之恭俭以济斯民，虽《诗》《书》所称，何有加焉！
【《沁园春·雪》】秦皇汉武，略输文采。

董仲舒尊儒术

【四字鉴】

bà chù bǎi jiā　dú zūn rú shù
罢黜百家，独尊儒术。
shī shū lǐ yì　chūn qiū jīng wǔ
诗书礼易，春秋经五。

　　董仲舒（前179—前104），今河北景县广川人。公元前134年，汉武帝下诏征求治国方略，董仲舒写《举贤良对策》，把儒家思想与当时的社会需要相结合，并吸收了其他学派的理论，创建了一个以儒学为核心的新的思想体系。董仲舒提出的"天人感应""大一统""罢黜百家，独尊儒术"等学说被汉武帝采纳，"天人感应、三纲五常"儒学（杂以阴阳五行说）逐渐成为中国社会正统思想，长达二千多年。①

---

① 　【《汉书·董仲舒传》】臣愚以为诸不在六艺（六经）之科孔子之术者，皆绝其道，勿使并进。
　　【《诗经·大雅·民劳》】民亦劳止，汔可小康。惠此中国，以绥四方。
　　【《尚书·洪范》】不偏不党，王道荡荡；不党不偏，王道便便。
　　【《周礼》】大宰之职，掌建邦之六典，以佐王治邦国：一曰治典，以经邦国，以治官府，以纪万民。二曰教典，以安邦国，以教官府，以扰万民。三曰礼典，以和邦国，以统百官，以谐万民。四曰政典，以平邦国，以正百官，以均万民。五曰刑典，以诘邦国，以刑百官，以纠万民。六曰事典，以富邦国，以任百官，以生万民。
　　【《礼记·礼运》】今大道既隐，天下为家。各亲其亲，各子其子，货力为己。大人世及以为礼，城郭沟池以为固。礼义以为纪，以正君臣，以笃父子，以睦兄弟，以和夫妇，以设制度，以立田里，以贤勇知，以功为己。故谋用是作，而兵由此起。禹、汤、文、武、成王、周公，由此其选也。此六君子者，未有不谨于礼者也。以著其义，以考其信，著有过，刑仁讲让，示民有常。如有不由此者，在埶者去，众以为殃。是谓小康。
　　【西汉刘向《说苑·谈丛》】穷乡多曲学：小辩害大智，巧言使信废，小惠妨大义。不困在于早虑，不穷在于早豫。欲人勿知，莫若勿为；欲人勿闻，莫若勿言。
　　【西汉刘向《说苑·建本》】学所以益才也，砺所以致刃也。

【四字鉴】

代汉建新，十五改制。
公私难题，千年先试。

王莽（前45—23），取代西汉建立新朝，公元8年到23年在位。公元8年，王莽正式即位称皇帝，改国号叫新，都城长安。西汉王朝二百一十年统治到此结束。王莽称帝后，下令变法。第一，把全国土地改为"王田"，不准买卖；第二，把奴婢称为"私属"，不准买卖；第三，评定物价，改革币制。翦伯赞认为，"王莽不失为中国史上最有胆识的最聪明的一位政治家"。①

公元17年，南方荆州闹饥荒，王匡、王凤组织饥民起义，占领了绿林山（今湖北大洪山）作为根据地，几个月工夫起义军就发展到七八千人。绿林军随

王莽改绿林出

---

① 【桓谭《新论》】高帝既定天下，念项王从函谷入，而己由武关到，推却关，修强守御，内充实三军，外多发屯戍，设穷治党与之法，重悬告反之赏。及王翁之夺取，乃不犯关梁厄塞，而坐得其处。王翁自见以专国秉政得之，即抑重臣，收下权，使事无大小深浅，皆断决于己身。及其失之，人不从大臣生焉。更始帝见王翁以失百姓心亡天下，既西到京师，恃民悦喜，则自安乐，不听纳谏臣谋士，赤眉围其外，而近臣反城，遂以破败。由是观之，夫患害奇邪不一，何可胜为设防量备哉？防备之善者，则唯量贤智大材，然后先见豫图，遏将救之耳。

后打败王莽的官兵,起义军增加到五万多。另一个起义军在樊崇带领下占领了泰山。樊崇部下的眉毛都涂上红颜色,叫"赤眉军"。赤眉军越打越强,发展到十多万人。豪强刘演、刘秀兄弟俩与绿林军三路人马联合, 公元23年,绿林军立刘玄做皇帝,恢复汉朝国号,刘秀为太常偏将军。昆阳之战消灭了王莽的主力,刘秀立了战功。公元25年,刘秀待时机成熟,在鄗称帝,后率军占领了洛阳,作为都城,刘秀即东汉光武帝。

【四字鉴】

lù lín chì méi　　dōng hàn xiù lì
绿林赤眉，东汉秀立。
guāng wǔ zhōng xīng　　gāng róu xiāng jì
光武中兴，刚柔相济。

　　光武帝采取休养生息的政策，减轻捐税，释放奴婢，减少官差，多次大赦天下，经济得到恢复和发展，史称"光武中兴"。光武帝懂得治天下须注意法令。他大姐湖阳公主骄横非凡，家奴仗势行凶杀了人，她认为不怎么样。洛阳令董宣是个硬汉，不管公主阻挠，吩咐把凶手逮起来，当场处决了。湖阳公主向光武帝哭诉。光武帝了解情况后，不但没办董宣的罪，还赏给他三十万钱，奖励他执法严明。

　　南怀瑾说，在中国两千年左右的历史上，比较值得称道、能够做到齐家治国的榜样的，大概算来，只有东汉中兴之主光武帝刘秀一人。①

---

① 【《强项令》】后特征（董宣）为洛阳令。时湖阳公主苍头白日杀人，因匿主家，吏不能得。及主出行，而以奴骖乘，宣于夏门亭候之，乃驻车叩马，以刀画地，大言数主之失，叱奴下车，因格杀之。主即还宫诉帝，帝大怒，召宣，欲棰杀之。宣叩头曰："愿乞一言而死。"帝曰："欲何言？"宣曰："陛下圣德中兴，而纵奴杀良人，将何以理天下乎？臣不须棰，请得自杀。"即以头击楹，流血被面。
【东汉马融《忠经·广至理章第十二》】不私，而天下自公。

第一篇　｜　049

张角怒 黄天怒

张角（？—184），今河北省邢台市巨鹿县人。中国东汉末年农民起义军"黄巾军"的领袖，太平道的创始人。得于吉等人所传《太平清领书》（即《太平经》），以救世为己任，组织群众，灵帝建宁（168—171）初，他带两个弟弟在灾情特别严重的冀州一带开始活动。184年甲子年时，以"苍天已死，黄天当立，岁在甲子，天下大吉"为口号，发动"黄巾起义"。①

【四字鉴】

张角太平，甲子大吉。
一八四年，黄巾起义。

---

① 【《后汉书·皇甫嵩传》】钜鹿张角自称"大贤良师"，奉事黄老道，畜养弟子，跪拜首过，符水咒说以疗病，病者颇愈，百姓信向之。角因遣弟子八人使于四方，以善道教化天下，转相诳惑。十余年间，众徒数十万，连结郡国，自青、徐、幽、冀、荆、扬、兖、豫八州之人，莫不毕应。遂置三十六方。方犹将军号也。大方万余人，小方六七千，各立渠帅。

杜诗造水排鼓

【四字鉴】

shuǐ pái gǔ fēng, shěng lì gāo zhì.
水 排 鼓 风， 省 力 高 质。
shēng tiě yě liàn, tiān xià dì yī.
生 铁 冶 炼， 天 下 第 一。

　　杜诗，河南汲县（今卫辉）人，光武帝侍御史。公元31年任南阳太守，南阳人赞："前有召父（召信臣），后有杜母。""杜母"即杜诗，他修治陂池，广开田池，郡内繁富。杜诗创造水排（水力鼓风机），以水力传动机械，使皮制的鼓风囊连续开合，将空气送入冶铁炉，铸造农具，用力少而见效多。①

---

① 【王帧《农书》】其制，当选湍流之侧，架木立轴，作二卧轮。用水激下轮，则上轮所用弦通缴轮前旋鼓，樟枝一侧随转。其樟枝所贯行枙而推挽卧轴左右攀耳，以及排前直木，则排随来去，搧冶甚速，过于人力。
【《后汉书·杜诗传》】善于计略，省爱民役，造作水排，铸为农具。

第一篇 ｜ 051

冒顿妃放高祖

公元前200年,刘邦亲率32万大军出击匈奴,轻敌冒进而中计,被围困于平城白登山达7天7夜。后刘邦采用陈平计,向冒顿单于的阏氏行贿,献上许多金银珠宝和一个绝色美女图而脱险。①

【四字鉴】

鼎盛匈奴,力微汉初。
bái dēng zhī wéi　xìng jiě yān dù
白登之围,幸解阏妒。

---

① 【《史记·匈奴列传》】冒顿既立,是时东胡强盛,闻冒顿杀父自立,乃使使谓冒顿,欲得头曼时有千里马。冒顿问群臣,群臣皆曰:"千里马,匈奴宝马也,勿与。"冒顿曰:"奈何与人邻国而爱一马乎?"遂与之千里马。居顷之,东胡以为冒顿畏之,乃使使谓冒顿,欲得单于一阏氏。冒顿复问左右,左右皆怒曰:"东胡无道,乃求阏氏!请击之。"冒顿曰:"奈何与人邻国爱一女子乎?"遂取所爱阏氏予东胡。东胡王愈益骄,西侵。与匈奴间,中有弃地,莫居,千余里,各居其边为瓯脱。东胡使使谓冒顿曰:"匈奴所与我界瓯脱外弃地,匈奴非能至也,吾欲有之。"冒顿问群臣,群臣或曰:"此弃地,予之亦可,勿予亦可。"于是冒顿大怒曰:"地者,国之本也,奈何予之!"诸言予之者,皆斩之。冒顿上马,令国中有后者斩,遂东袭击东胡。东胡初轻冒顿,不为备。及冒顿以兵至,击,大破灭东胡王,而虏其民人及畜产。

卫与霍追匈奴

【四字鉴】

guó qiáng wǔ dì， duì xiōng chū jī。
国 强 武 帝， 对 匈 出 击。
wèi qīng qù bìng， fēng láng jū xū。
卫 青 去 病， 封 狼 居 胥。

卫青（？—前106），今山西临汾市人。西汉武帝时的大司马大将军。霍去病（前140—前117），公元前119，在今蒙古肯特山一带进行祭天典礼，"封狼居胥"。

第一篇 | 053

【四字鉴】

昭君出嫁，呼韩邪夫。
汉匈停战，五十年睦。

　　王昭君（约前52—？），名嫱，字昭君，西汉南郡秭归人，今湖北省兴山县人。中国古代四大美女之"落雁"，晋朝时为避司马昭讳，又称"明妃"，汉元帝时期宫女。公元前33年，匈奴呼韩邪单于再一次到长安，要求同汉朝和亲。昭君出塞嫁呼韩邪单于，为阏氏，把中原文化传给匈奴。此后，匈奴和汉朝相处和睦，有五十多年没有发生战争。①

---

① 【《汉书·匈奴传》】单于自言愿婿汉氏以自亲。元帝以后宫良家子王嫱字昭君赐单于。单于欢喜，上书愿保塞上谷以西至敦煌，传之无穷，请罢边备塞吏卒，以休天子人民。
【《史记·匈奴传》】边城晏闭，牛马布野，三世无犬吠之警，黎庶亡干戈之役。

张骞使班超赴

【四字鉴】

两出西域，丝绸之路。
投笔从戎，功勋卓著。

张骞（前164—前114），今陕西省汉中市城固县博望村人，两次出使西域，是汉朝丝绸之路的开拓者。班超（32—102），今陕西咸阳东北人。公元73年班超出使西域，公元94年，西域各族摆脱了匈奴的统治归汉。

汉代，人们把今天甘肃阳关和玉门关以西、葱岭以东的广大地区叫西域。张骞出使西域（汉武帝时期）开通了西汉联系西域以至中亚各地的通道。第一次出使时间：公元前138年，目的是联合大月氏夹击匈奴。第二次出使时间：公元前119年，目的是加强与西域的交流与联系。张骞通西域扩大了西汉的政治影响，西域各国纷纷归附汉朝，是西域归属中央统辖的开始（公元前60年，设置西域都护，新疆归属中央），对丝绸之路的直接开通起了重大作用，促进了西域社会的进步，发展了通西域各族的友好

关系。①

丝绸之路从长安出发，过河西走廊到敦煌，经阳关或玉门关进入今新疆，然后分天山南路和昆仑山北路到达中亚、西亚和欧洲。丝绸之路是当时欧亚陆路交通要道，是古代东西方经济文化交流的桥梁，有力地促进了东西方文明的交流。沿着这条道路，汉朝的丝绸、铁器、漆器等商品，冶铁、凿井、造纸等技术传到西方，西域的良马、香料、葡萄、石榴、苜蓿、胡麻、胡桃等也纷纷东来。佛教后来也由印度经中亚、西域，沿丝绸之路传入中国。

---

① 【《史记·大宛列传》】然张骞凿空，其后使往者皆称博望侯，以为质于外国，外国由此信之。
　【张岂之】没有张骞出使西域，也就不会有丝绸之路的开辟。没有丝绸之路的开辟，也就不会有汉朝和西域以及和欧洲的交流，所以，通西域的意义十分重大。
　【《后汉书·班超传》】大丈夫无它志略，犹当效傅介子、张骞立功异域，以取封侯，安能久事笔研间乎？

操奇兵胜官渡

【四字鉴】

挟帝令侯,官渡粮烧。
屯田纳士,沧海诗豪。

曹操(155—220),196年迎汉献帝到许都(今河南许昌东),"挟天子以令诸侯"。

200年,袁绍聚集十万精兵进攻曹操,把大批军粮囤积在离开官渡四十里的乌巢。袁绍的谋士许攸投奔曹操,并知道曹操缺粮。曹操刚想睡,听说许攸来,高兴得光着脚板跑出来迎。许攸说:"现在袁绍有一万多车粮食、军械放在乌巢,防备很松,您只要带轻骑偷袭,烧光粮草,不出三天,他就不战而败。"曹

操亲自带领五千骑兵,连夜奔乌巢。并打着袁军旗号,围住乌巢粮屯,一把火烧得个一干二净。官渡的袁军将士听说乌巢起火,惊慌失措。袁绍带着剩下的八百多人向北逃走。官渡之战,袁绍的主力被消灭,曹操奠定了统一北方的基础。①建安十二年(207),曹操北征乌桓得胜,巩固了北方,回师经过河北碣石山时写下《观沧海》一诗,"日月之行,若出其中。星汉灿烂,若出其里"。

《三国演义》是部历史题材的小说,其中作者为了增加小说的趣味性,会适当地进行一些文学创作,这些内容当然不会见于史书记载。但是,这些内容在另一方面让我们对这段历史有了更加深刻的认识,也有助于我们理解某些史实。我们既要将三国历史和《三国演义》有机结合,又应还历史的真实性,例如对曹操的评价。历史上的曹操统军30余年,但手不释卷,登高必赋,长于诗文、草书、围棋,生活节俭,不好华服。但是,《三国演义》中曹操却被描写成为反面人物的代表。

---

① 【范浚】曹操与袁绍相持官渡百余日,操顺而绍逆,故操军虽不敌而不为寡,然卒所以胜绍者奇也。绍遣淳于琼等将兵万余人,北迎粮运,操自将夜往,攻破琼等,悉斩之,此曹操之用奇也。
【吕思勉】淳于琼等既破,张合复降,据《三国志》说:袁绍的兵就此大溃,这大约因袁绍的兵驻扎日久,锐气已挫,军心又不甚安宁,遂至一败而不可收拾。曹操攻淳于琼,固然有胆气,也只是孤注一掷之举,其能耐,倒还是在历久坚守、能挫袁军的锐气上见得。军事的成败,固然决于最后五分钟,也要能够支持到最后5分钟,才有决胜的资格哩。

司马徽、徐庶极力推荐诸葛亮，刘备忙带着关羽、张飞到隆中去找，但扑了个空，诸葛亮故意躲开。关、张感到不耐烦，但刘备又去，直到第三次才见到。诸葛亮被刘备的诚意感动，把他迎进草屋。刘备含泪说："自己是汉室宗亲，如今汉室衰落，大权旁落于奸臣。自己想挽回危局，但能力差，特来请先生指点。"诸葛亮推心置腹地跟刘备谋划三足鼎立的构想：曹操和孙权势力已经形成，只有图荆州和益州（今四川、云南等地），特别"天府之国"益州土地肥沃广阔。此后，诸葛亮成为刘备的军师。后人把这事称作"三顾茅庐"。刘备感叹："我有了孔明先生，就像鱼得到水一样。"后诸葛亮欲兴汉室统一中原，六出祁山，壮志未酬，死于五丈原。"鞠躬尽瘁，死而后已。"①

备三顾亮出庐

【四字鉴】

sān gù máo lú　　lóng zhōng dǐng tán
三顾茅庐，隆中鼎谈。
jū gōng jìn cuì　　liù chū qí shān
鞠躬尽瘁，六出祁山。

---

① 【《三国志·隆中对》】由是先主遂诣亮，凡三往，乃见。因屏人曰："汉室倾颓，奸臣窃命，主上蒙尘。孤不度德量力，欲信大义于天下；而智术浅短，遂用猖蹶（獗），至于今日。然志犹未已，君谓计将安出？"亮答曰："自董卓以来，豪杰并起，跨州连郡者不可胜数。曹操比于袁绍，则名微而众寡，然操遂能克绍，以弱为强者，非惟天时，抑亦人谋也。今操已拥百万之众，挟天子而令诸侯，此诚不可与争锋。孙权据有江东，已历三世，国险而民附，贤能为之用，此可以为援而不可图也。荆州北据汉、沔，利尽南海，东连吴会，西通巴、蜀，此用武之国，而其主不能守，此殆天所以资将军，将军岂有意乎？益州险塞，沃野千里，天府之土，高祖因之以成帝业。刘璋暗弱，张鲁在北，民殷国富而不知存恤，智能之士思得明君。"

琴有误周郎顾

周瑜（175—210），字公瑾，今安徽省合肥市舒县人。东汉末年名将，身体长壮有姿貌、精音律，江东有"曲有误，周郎顾"之语。建安十五年（210）病逝于巴丘，年仅36岁。公元208年，周瑜指挥孙刘联军在赤壁大破曹军，先后用了反间计、连环计、苦肉计等。赤壁之战奠定了三国鼎立的基础。①

官渡之战和赤壁之战都是中国古代以少胜多的著名战役。两个战役的胜败主要原因在于交战双方的战略战术、指挥者心态等方面。

【四字鉴】

亮激瑜怒，黄盖苦肉。
反奸连环，赤壁火吐。

---

① 【《三国志·周瑜传》】是岁，建安三年也。策亲自迎瑜，授建威中郎将，即与兵二千人，骑五十匹。瑜时年二十四，吴中皆呼为周郎……曹公军吏士皆延颈观望，指言盖降。盖放诸船，同时发火。时风盛猛，悉延烧岸上营落。顷之，烟炎张天，人马烧溺死者甚众，军遂败退，还保南郡。备与瑜等复共追。曹公留曹仁等守江陵城，径自北归。
【《三国志·吴志·吴主传》】裴松之注引《江表传》能用众力，则无敌于天下矣；能用众智，则无畏于圣人矣。

曹魏、蜀汉、东吴三个并列政权称三国（220—280），上承东汉，下启西晋。赤壁之战曹操被孙刘联军击败，奠定三国鼎立雏形。220年曹丕称帝，国号"魏"，史称曹魏。221年刘备在成都称帝，史称蜀汉。222年夷陵之战，孙权取得荆州，229年孙权称帝，国号"吴"，史称东吴，三国正式成立。此后的数十年内，蜀汉诸葛亮、姜维多次率军北伐曹魏，但始终未能改变三足鼎立的格局。①

【四字鉴】

cáo wèi luò yáng　　liú shǔ chéng dū
曹 魏 洛 阳，　　刘 蜀 成 都。

sān guó dǐng lì　　jiàn yè sūn wú
三 国 鼎 立，　　建 业 孙 吴。

---

① 【据《三国志》】延康元年（220）冬，曹丕称帝，建都洛阳，国号"魏"，史称"曹魏"。黄初二年（221），刘备成都称帝，国号"汉"，史称"蜀汉"或"季汉"。孙权于222年被魏文帝曹丕封为吴王，229年在武昌（今湖北鄂城）称帝，国号吴，改元黄龙元年，史称"东吴"，后又迁都建业。自此三国正式鼎立。

【《三国志·夏侯玄传》】和羹之美，在于合异；上下之益，在能相济。

【（三国）傅玄《傅子》】秉纲而目自张，执本而末自从。

【《三国志·陆逊传》】志行万里者，不中道而辍足。

【三国钟会《刍荛论》】国之称富者，在乎丰民，非独谓府库盈、仓廪实也。且府库盈、仓廪实，非上天所降，皆取资于民，民困国虚矣。

诸葛锦 温夷洲

诸葛亮为巩固蜀国南部，出兵云贵一带部落，采取以当地人治理当地人的自治方针，将酋长首领孟获捉住七次，放了七次，七擒孟获，使他心服下拜。"诸葛锦"，亦名"洞锦"。"蚕丛及鱼凫，开国何茫然。"李白提到古蜀国首位蜀王蚕丛帝（养蚕专家，距今4000～4500年）。苗族把五彩锦称为"武侯锦"，侗族妇女织的侗锦又称"诸葛锦"，传诸葛亮是织机的发明人。"诸葛锦"，以白纱为经，蓝纱为纬，随机挑织，自备各种花形，巾帨尤佳。又名"洞锦"，黎平府属地青特洞等处主产，是为纪念诸葛亮。张应诏《诸葛锦诗》："丞相南征日，能回黍谷春，干戈随地用，服色逐人新，苎幅参广文绣，花

> **【四字鉴】**
>
> qī qín mèng huò　liàng ān xī nán
> 七擒孟获，亮安西南。
> wèi wēn wàn chuán　yí zhōu tái wān
> 卫温万船，夷洲台湾。

枝织朵匀，蛮乡椎髻女，亦有巧于人。"①

夷洲即今中国台湾。台湾自古以来就是中国的领土，西汉时属会稽郡，称夷洲，虽远在海中，两岸人民一直时有往来。黄龙二年（230），孙权命东吴将领卫温（？—231），与诸葛直率领甲士万人，浮海求夷洲、亶洲。②据考证，这个船队从章安（今浙江临海东南）启程，从台州湾出海，沿海岸航行到福州、泉州，然后横渡台湾海峡，在今台南市和嘉义一带登陆。登陆后，卫温、诸葛直将台湾土著居民数千人迁往大陆。这是大陆和台湾交通的最早记载。③

---

① 【《遵义府志》】（今贵州铜仁）用木棉线染成五色织之，质粗有文采。俗传武侯征铜仁蛮不下时，蛮儿女患痘，多有殇者求之，武侯教织此锦为卧具生活，故今名曰武侯锦。

② 【《资治通鉴》】卫温、诸葛直军行经岁，士卒疾疫死者什八九，亶洲绝远，卒不可得至，得夷洲数千人还。

③ 【陈寿《三国志》卷四十七《吴主传》】（黄龙）二年春正月……遣将军卫温、诸葛直将甲士万人浮海求夷洲及亶洲。亶洲在海中，长老传言秦始皇帝遣方士徐福将童男童女数千人入海，求蓬莱神山及仙药，止此洲不还。世相承有数万家，其上人民，时有至会稽货布，会稽东县人海行，亦有遭风流移至亶洲者。所在绝远，卒不可得至，但得夷洲数千人还。

第一篇 | 063

司马炎西晋武

魏少帝曹芳即位,曹爽为大将军,司马懿当太尉,各领兵三千人,轮流主值皇宫。后提升司马懿为太傅,明升暗降夺去他兵权。皇族曹爽大权在握,司马懿推说有病,不上朝了。曹爽让亲信李胜去看看司马懿是真病还是假病。司马懿躺在床上,丫头伺候他吃粥,嘴凑到碗边,粥汤从嘴角流出,胸前衣襟尽是。司马懿喘着气对李胜说:"我病得这样,只怕以后见不到您啦!"并有意装耳聋听不明白李胜说什么。李胜回去向曹爽报告,说:"太傅只差一口气了。"曹爽听后,放下心来,日日寻欢作乐,毫无防备。公元249年新年,魏少帝到城外祭扫祖陵,曹爽随行,司马懿披戴盔甲,与儿子司马师、司马昭,率兵占领城门和

> 【四字鉴】
>
> sī mǎ yì chuān　　cáo zhēn zhòng jì
> 司 马 懿 喘，曹 真 中 计。
> sī mǎ yán dì　　xī jìn tǒng yī
> 司 马 炎 帝，西 晋 统 一。

兵库，假传皇太后诏令，撤了曹爽的大将军职务，后下监处死。此后，魏国实权完全掌握在司马氏手里。①

265年，司马炎废魏建"晋"，史称西晋。公元280年西晋统一中国，三国结束。据西晋的一些史料记载，内迁的少数民族主动认同中原地区的历史和文化，如鲜卑说自己是黄帝之子的后裔，匈奴的铁弗部自称是大禹的后代。他们这样是为了证明统治地位的正统性与合法性，便于对中原地区进行有效的统治。

---

① 【《晋书·帝纪一》】九年春三月，黄门张当私出掖庭才人石英等十一人，与曹爽为伎人。爽、晏谓帝(司马懿)疾笃，遂有无君之心，与当密谋，图危社稷，期有日矣。帝亦潜为之备，爽之徒属亦颇疑帝。会河南尹李胜将莅荆州，来候帝。帝诈疾笃，使两婢侍，持衣衣落，指口言渴，婢进粥，帝不持杯饮，粥皆流出沾胸……胜退告爽曰："司马公尸居余气，形神已离，不足虑矣。"他日，又言曰："太傅不可复济，令人怆然。"故爽等不复设备。
【(西晋)陆机《文赋》】观古今于须臾，抚四海于一瞬。
【《晋书·齐王攸载记》】务农重本，国之大纲。
【西晋隐士鲁褒《钱神论》】钱之为体，有乾有坤。内则其方，外则其圆。其积如山，其流如川。动静有时，行藏有节。市井便易，不患耗折。难朽象寿，不匮象道。故能长久，为世神宝。亲爱如兄，字曰孔方。失之则贫弱，得之则富强。无翼而飞，无足而走。解严毅之颜，开难发之口。钱多者处前，钱少者居后。处前者为君长，在后者为臣仆。君长者丰衍而有余，臣仆者穷竭而不足。《诗》云：哿矣富人，哀哉茕独。岂是之谓乎！

石崇比王恺富

西晋王朝注定国家不稳定，晋武帝生活荒淫，士族们上行下效，相互比富，过着穷奢极欲的生活。京都洛阳出名三富豪是：禁卫军中护军羊琇，国舅、后将军王恺，散骑常侍石崇。王恺家里用饴（糖水）洗锅，石崇就用蜡烛当柴烧。王恺在家门的大路两旁，用紫丝编织做屏障，整整四十里，轰动洛阳。石崇便用彩缎铺设了五十里屏障。晋武帝把宫里收藏的一株两尺多高的珊瑚树赐给王恺，王恺将它放在宴席上展示，大家赞不绝口，都以为罕见。石崇故意用一支铁如意把大珊瑚树砸得粉碎。随后吩咐家人把自己的珊瑚树搬来让王恺挑一个。不一会儿就搬来了几十株珊瑚树，三四尺高的就有六七株，株株挺秀，光彩夺

【四字鉴】

huì dì ròu zhōu　　ān zhī mín kǔ
惠帝肉粥，安知民苦。
bā wáng luàn mín　　shì zú bǐ fù
八王乱民，士族比富。

目。大家都看呆了。①

在大地主、大贵族当权的背景下，社会上下道德沦丧，唯利是图，享乐之风盛行。晋惠帝昏聩，天下灾荒，百姓饿死很多，晋惠帝竟然问："他们为什么不吃肉粥呢（何不食肉糜）？"贾后专权，赵王司马伦把她抓来杀了，自称皇帝，封了很多官职，做官帽的貂尾巴不够用，只好找狗尾巴凑数，"貂不足，狗尾续"。晋惠帝昏庸无能，其在位时发生"八王之乱"。

---

① 【晋书】崇字季伦，生于青州，故小名齐奴。少敏惠，勇而有谋。苞临终，分财物与诸子，独不及崇。其母以为言，苞曰："此儿虽小，后自能得。"年二十余，为修武令，有能名。入为散骑郎，迁城阳太守。伐吴有功，封安阳乡侯。在郡虽有职务，好学不倦，以疾自解。顷之，拜黄门郎……财产丰积，室宇宏丽。后房百数，皆曳纨绣，珥金翠。丝竹尽当时之选，庖膳穷水陆之珍。与贵戚王恺、羊琇之徒以奢靡相尚。恺以秫糒（麦芽糖）澳釜，崇以蜡代薪。恺作紫丝布步障四十里，崇作锦步障五十里以敌之。崇涂屋以椒，恺用赤石脂。崇、恺争豪如此。武帝每助恺，尝以珊瑚树赐之，高二尺许，枝柯扶疏，世所罕比。恺以示崇，崇便以铁如意击之，应手而碎。恺既惋惜，又以为嫉己之宝，声色方厉。崇曰："不足多恨，今还卿。"乃命左右悉取珊瑚树，有高三四尺者六七株，条干绝俗，光彩曜日，如恺比者甚众。
【《晋书 王衍》】衍自说少不豫事，欲求自免，因劝勒称尊号。勒怒曰："君名盖四海，身居重任，少壮登朝，至于白首，何得言不豫世事邪！破坏天下，正是君罪。"

东晋王导扶

【四字鉴】

三一七年，东晋建睿。
权臣天下，王马竞贵。

晋武帝即位后，封了二十七个同姓王。各地诸侯想争夺皇帝宝座，展开16年的厮杀，史称"八王之乱"。八个诸侯王是赵王司马伦、齐王司马冏、成都王司马颖、河间王司马颙、长沙王司马乂（yì）、东海王司马越、汝南司马王亮、楚王司马玮等。

八王之乱的发生与西晋实行分封制是有关系的，一方面，从制度层面上讲，西晋大封同姓诸王，虽然在一定程度上拱卫了西晋王室，但是同时也埋下了诸侯王实力过大，威胁中央统治的隐患；另一方面，从具体实施过程来看，晋武帝时期陆续派遣诸侯王据守州郡重镇，即"移封就镇",诸侯王手中的政治、经济和军事权力都得到了大大的提升,势力也日益壮大,为其叛乱提供了充分的条件。西晋糟糕的社会状况和迟钝昏庸的晋惠帝,也是八王之乱发生的原因。

东晋创建者晋元帝司马睿和丞相三朝元老王导都是276年生。公元317年,司马睿(晋元帝)在建康即位,国都在建康,史称东晋。此前,司马睿在皇族中的威望不高,王导支持司马睿,把一百零六个有名望的人吸纳到司马睿王府里来。晋元帝把王导拉来坐在御座上接受百官朝拜,王导推却。王家子弟得到很多朝中实权。民间流传"王与马,共天下"。①

---

① 【司马光《资治通鉴》】既不能明正典刑,又以宠禄报之,晋室无政,亦可知矣。任是责者,岂非王导乎!
【司马光《稽古录》】晋室既衰,中原云扰,戎狄方张之气,弥漫河洛,薰烝岱华,宫阙芜没,陵庙燃焚。元帝(司马睿)以宗室疎属,遐居江表,天下士民有思晋者,皆裹粮而归之,国于荆扬之间,子孙相承不绝如线。独明帝(司马绍)英武,克清大憨,不幸享国不永,自余孱弱孤危,外陵内叛,寄命于虎狼之口,几遇吞食者数矣。然卒能保其位号宗庙血食百有余年,何者?王导、卞壸、温峤、陶侃、谢安、谢幼度(谢玄)为之臣也,群贤既没,使道子(司马道子)、元显(司马元显)之徒辅之,败亡不亦宜乎?
【东晋葛洪《抱朴子·广譬》】常制不可以待变化,一途不可以应无方,刻船不可以索遗剑,胶柱不可以谐清音。
【葛洪《抱朴子·内篇·地真》】是以至人消未起之患、治未病之疾,医之于无事之前,不追之于既逝之后。

谢安棋投鞭苻

前秦苻坚自以为有九十七万精兵,下决心大举进攻东晋,石越将军说:"晋国有长江作为天然屏障,百姓上下同心,只怕我们难以取胜。"苻坚大声说:"长江天险有什么了不起,我军把手里的马鞭子投到长江里,也可以把长江的水堵塞。"苻坚拒绝了大臣和亲人的劝说,孤注一掷向东晋进攻,而他信任的先锋慕容垂却另打着恢复燕国的算盘。公元383年,苻坚亲自南征,烟尘滚滚,浩浩荡荡,队伍排有千余里长。东晋谢安坐镇建康,派弟弟谢石担任大都督,谢玄为前锋,以八万军队对前秦兵八十七万。另派将军胡彬带领水军五千到安徽寿阳配合作战。苻坚率领八千名骑兵赶到寿阳城,恨不得一口气把晋军

> 【四字鉴】
>
> tóu biān fú jiān　cǎo mù jiē bīng
> 投 鞭 符 坚，草 木 皆 兵。
> tóu zǐ xiè ān　　ér bèi yǐ yíng
> 投 子 谢 安，儿 辈 已 赢。

吞掉，在寿阳楼城楼上一眼望去，对岸晋军一座座的营帐排列得整整齐齐，阵容严整威武。远处八公山上，隐隐约约晋兵不知道有多少。其实是符坚眼花心虚，把八公山上的草木都看作是晋兵了（草木皆兵）。谢玄率领八千多骑兵飞快渡过淝水，向秦军猛攻。符坚看情况不妙，骑上一匹马拼命逃走，肩膀中箭。谢石、谢玄收复寿阳，派马送捷报。谢安正跟客人下棋，看完捷报，不露声色，照样下棋。客人知是前方战报，忍不住问："战事情况怎么样？"谢安轻声说："孩子们赢了。"①

---

① 【陈登原评】符坚有四大善事：文学优良，内政修明，大度容人，武功赫赫。历观中国古代君王，真正能做到这四点的寥寥无几。符坚与王猛君臣相得，明锐果决，想得到的一定要成功，豪俊不凡，但可惜的是矜大好功，不知休息民生，怀妇人之仁，在内有慕容垂等木除之则又人举伐晋，败而失天下，成为后世训诫攻击的目标。

【《晋书》】坚后率众，号百万，次于淮肥，京师震恐。加安征讨大都督。玄入问计，安夷然无惧色，答曰："已别有旨。"既而寂然。玄不敢复言，乃令张玄重请。安遂命驾出山墅，亲朋毕集，方与玄围棋赌别墅。安常棋劣于玄，是日玄惧，便为敌手而又不胜。安顾谓其甥羊昙曰："以墅乞汝。"安遂游涉，至夜乃还，指授将帅，各当其任。玄等既破坚，有驿书至，安方对客围棋，看书既竟，便摄放床上，了无喜色，棋如故。客问之，徐答云："小儿辈遂已破贼。"既罢，还内，过户限，心喜甚，不觉屐齿之折，其矫情镇物如此。以总统功，进拜太保。

刘裕宋知民苦

刘宋（420—479）、南齐(479—502)、南梁（502—557）、陈朝（557—589）统称南朝。宋武帝刘裕（363—422），小名寄奴，祖籍彭城县，生于晋陵郡京口里，曾两度北伐，收复洛阳、长安等地，功勋卓著，后代晋自立，建立南朝宋。即位之后，以晋朝前车之鉴，削藩集权，限制文武额员，防止权臣乱政，降低租税，休养生息，发展生产。一改魏晋以来崇尚的奢华之风，穿着随便，木屐裙帽，在宫中悬挂少时用过的农具、补缀多层的棉袄，有人称他是"乡巴佬"。①

---

① 【司马光《资治通鉴》】帝（刘裕）清简寡欲，严整有法度，被服居处，俭于布素，游宴甚稀，嫔御至少。尝得后秦高祖从女，有盛宠，颇以废事；谢晦微谏，即时遣出。财帛皆在外府，内无私藏。岭南尝献入筒细布，一端八丈，帝恶其精丽劳人，即付有司弹太守，以布还之，并制岭南禁作此布。公主出适，遣送不过二十万，无锦绣之物。内外奉禁，莫敢为侈靡。

【四字鉴】

东晋让给，刘宋王朝。
宋齐梁陈，统称南朝。

　　南方社会经济发展的原因主要有三点。首先，由于北方战乱，大批北方人民为躲避战祸南下，为江南地区输送了大量的劳动力，同时也带去先进的生产工具和生产技术。其次，当时江南地区较安定，统治者也重视发展经济。最后，江南优越的自然条件，为其发展提供有力保障。《史记》记述江南尚未开发，地广人稀，生产水平落后，商业不发达。《宋书》中描述了江南开发后的景象：物产丰富，粮食产量高，手工业发达。②

---

② 【《史记·货殖列传》】楚越之地，地广人希（稀），饭稻羹鱼，或火耕而水耨……无积聚而多贫。是故江淮以南，无冻饿之人，亦无千金之家。

孝文帝仿汉俗

民族交融已经成为时代发展的主流,为了学习和接受汉族先进文化,进一步加强对黄河流域的控制,公元471年,北魏孝文帝拓跋宏即位后,决心进行改革:实行"均田制",把荒地分配给农民,吸收中原文化,移风易俗,于公元494年把

【四字鉴】

qiān dū luò yáng　　xiào wén gǎi gé
迁都洛阳,　孝文改革。
wèi hàn tōng hūn　　mín zú róng hé
魏汉通婚,　民族融合。

国都从平城（今山西大同市东北）迁到洛阳。宣布法令：改说汉语，做官的一律要说汉语；改穿汉人的服装；鼓励与汉族通婚；改汉姓；用汉制。带头把拓跋改姓元，魏孝文帝又叫元宏。减少胡汉观念，促进鲜卑人对汉族文化的认同。大刀阔斧的改革，使鲜卑族与汉族迅速融为一体，促进了北方经济的发展和北方民族大融合。孝文帝是我国历史上杰出的少数民族（鲜卑族）改革家，他的改革促进了北方民族大融合。①

魏晋南北朝时期各民族错居杂处，加强了相互交流。生产生活上各民族相互学习；政治制度上少数民族学习汉族君主专制；思想文化上少数民族学习汉族文化；社会习俗上各民族相互借鉴吸收；民族心理上民族隔阂与民族偏见逐渐减少。民族融合也丰富了汉族生活，如改变了汉族席地而坐的生活习俗等。

---

① 【《魏书·咸阳王禧传》】今欲断诸北语，一从正音。其年三十已上，习性已久，容不可猝革。三十已下，见在朝廷之人，语音不听仍旧；若有故为，当加降黜。

【《魏书·帝纪》】有魏始基代朔，廓平南夏，辟壤经世，咸以威武为业，文教之事，所未遑也。高祖幼承洪绪，早著睿圣之风。时以文明摄事，优游恭己，玄览独得，着自不言，神契所标，固以符于冥化。及躬总大政，一日万机，十许年间，曾不暇给；殊途同归，百虑一致。至夫生民所难行，人伦之高迹，虽尊居黄屋，尽蹈之矣。若乃钦明稽古，协御天人，帝王制作，朝野轨度，斟酌用舍，焕乎其有文章，海内生民咸受耳目之赐。加以雄才大略，爱奇好士，视下如伤，役己利物，亦无得而称之。其经纬天地，岂虚谥也！

【《魏书·吐谷浑传》】阿豺有子二十人，纬代，长子也。阿豺又谓曰："汝等各奉吾一只箭，折之地下。"俄而命母弟慕利延曰："汝取一只箭折之。"慕利延折之，又曰："汝取十九只箭折之。"延不能折。阿豺曰："汝曹知否？单者易折，众则难摧，戮力一心，然后社稷可固。"言终而死。

【北周·庾信《征调曲》】落其实者思其树，饮其流者怀其源。

程旻士客家祖

魏晋南北朝时期政权分立,民族融合。西晋灭亡,北方陷入战乱。317年,东晋建立。人们纷纷南迁,给江南地区带去了大量的劳动力、先进的生产经验和技术,很多北方的农产品出现在南方。东晋诗人谢灵运在其作品《山居赋》中提到了麻、粟、豆等原是北方的农作物,还提到北方的梨、枣、杏等。客家是南方汉族的一支,"南齐处士"程旻被称为客家人文始祖。①

程伯(424—514),宋元典籍记为"程旻",名隐隽,字德士,号天阳。祖籍河南洛阳,安徽休宁程元谭九世孙,生于南朝宋元嘉元年(424)六月初六。妻万载公主萧氏(南齐高祖萧道成女)。元嘉五年(428)6岁,随祖父经江西、福建南迁广东,12

---

① 【《新九域志》】"昔有程旻,家于程江口,乡里推服,州为上言,遂以为程乡"。
【《舆地记胜》】(程旻)"《图经》云:不知何代人,或云南齐人,或云隋人。为人恬憺无华,性嗜书,恬荣达,结庐江滨,环堵萧然,晏如。人服其行义。有不平不诣官府,辄质成于旻。""程源义化间,墟墓犹存,故老相传云'程将军祖茔',盖指旻言也。""程旻当年一匹夫,不操三尺正群愚。片言能使争心息,万里江山姓与俱。(徐庾)"
【《大明一统志》·南北朝程旻】"南齐程乡人,或云隋人。为人恬憺无华,性嗜书,不慕荣达。人服其行义。有不平不诣官辄质成于旻。县之得名自旻始"。程伯(旻)于梁武帝天监十三年(514)正月初十去世,虚龄91岁,葬于今程北村坝头铺盘龙岗。程伯生日忌日,程氏族人都会举行仪式纪念。宋朝程伯(旻)墓保存完好。程伯(旻)后被加封为"陈侯""福主公王",是客家地区土地伯公原型。

【四字鉴】

千年程乡,德化三老。
汉畲融合,客家早早。

岁驱虎,元嘉十二年(435)13岁,与祖父回新安随军,16岁任东宫侍读,陪太子刘劭读书。466年负责宋太宗刘彧卫尉,负责宫门警卫,不久被授龙骧将军。昇明元年(477),在萧道成与沈攸之实力对抗中,担任萧道成水军主帅,"轻艓一万,截其津要"。立功被封"始兴伯"。479年南齐建立后,乘船经"员水"(今韩江),回到广东海阳县北程乡里,以其号"天阳"为名隐居,当地人以"程伯"称之。用祖父所传医术祛除当地瘴气,以《程天祚针经》《程天祚灸经》治疗村民病痛,"程敃"把中原先进文化及耕作技术带给当地,调解畲族间的争斗及土客矛盾,并开展蒙学,德望日重,"人服其行义。有不平不诣官府,辄质成于敃""乡里推服,州为上言",员水更名为程江,后置程乡县。

第贰幕

／中国／历史文化／三字歌／

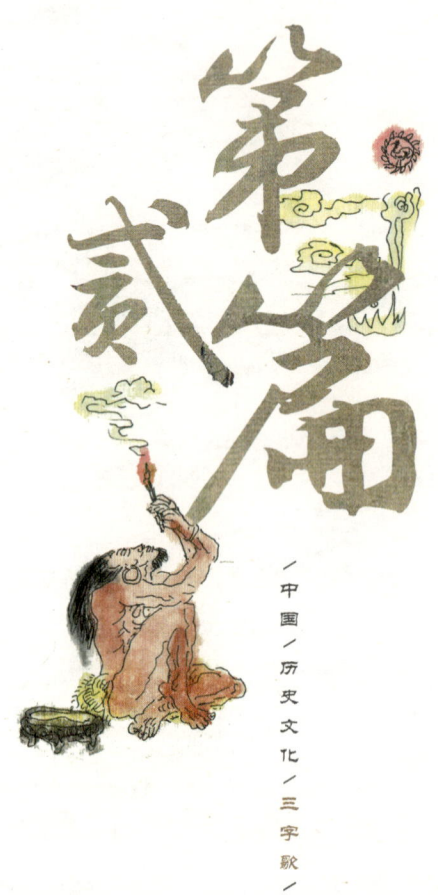

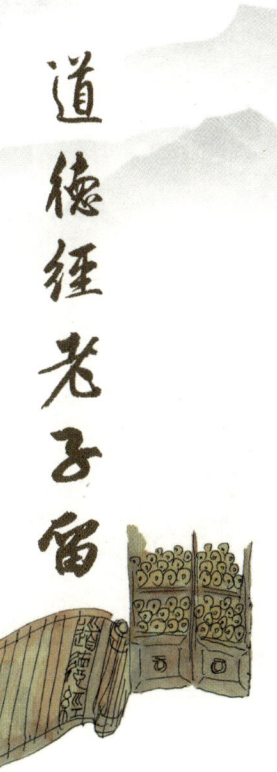

道德经 老子留

【四字鉴】

gōng chéng fú jū　　huò fú xiāng yī
功 成 弗 居，　祸 福 相 依。

lǎo zǐ chuàng dào　　xiāo yáo zhuāng zǐ
老 子 创 道，　逍 遥 庄 子。

　　老子姓李名耳，字聃，是楚国苦县的厉乡曲仁里人，生于春秋末期，曾任周王朝的图书馆馆长，管图书，孔子曾向老子问礼。大约公元前485年，老子离开故土，准备出函谷关西去。关长尹喜对老子说："先生想出关，须得留下一部著作方放行。"老子便交给尹喜一篇约五千字的著作，骑着大青牛走了，这便是《道德经》。它包含朴素而精彩的辩证思想，认为事物互相对立、依存、转化。有无、虚实、强弱、刚柔、雌雄、祸福、善恶、美丑、长短、高下、前后等都是对立统一的，矛盾会

第二篇 ｜ 079

相互转化,"祸兮,福之所倚;福兮,祸之所伏"。运动之律是"反者道之动""万物作焉而不为始,生而不有,为而不恃,功成而弗居"。①

庄子(约前369—前286或275),名周,宋国人,战国著名的思想家,道家学派的主要代表人物之一。庄周崇尚自然,最早提出"内圣外王"思想,指出"《易》以道阴阳";代表作《庄子》,名篇有《逍遥游》《齐物论》等。②

---

① 【《道德经》】天之道,损有余而补不足,人之道则不然,损不足以奉有余……民之饥,以其上食税之多……民之轻死,以其上求生之厚……民不畏死,奈何以死惧之。
② 【《庄子·应帝王》】南海之帝为儵,北海之帝为忽,中央之帝为浑沌……儵与忽谋报浑沌之德,曰:"人皆有七窍以视听食息,此独无,尝试凿之。"日凿一窍,七日而浑沌死。
【《淮南子·氾论训》】治国有常,而利民为本;政教有经,而令行为上。苟利于民,不必法古;苟周于事,不必循旧……故圣人法与时变,礼与俗化。衣服器械,各便其用;法度制令,各因其宜。故变古未可非,而循俗未足多也。
【《庄子·天地》】爱人利物之谓仁。
【《庄子·至乐》】褚小者不可以怀大,绠短者不可以汲深。

【四字鉴】

论(lún)语(yǔ)讲(jiǎng)仁(rén)，义(yì)礼(lǐ)智(zhì)信(xìn)。
因(yīn)材(cái)施(shī)教(jiào)，温(wēn)故(gù)知(zhī)新(xīn)。

孔儒生句成就

孔子（前551—前479），名丘，字仲尼，祖籍宋国栗邑（今河南夏邑），鲁国陬邑人（今山东曲阜）。孔子是中国古代著名的思想家、教育家，他开创了私人讲学的风气，是儒家学派创始人。孔子弟子三千，其中贤者七十二。孔子晚年整理了文化典籍《诗经》《尚书》《春秋》等。《论语》是儒家学派的经典著作之一，是一部以记言为主的语录体散文集，现存20篇，492章，其中记录孔子与弟子及时人谈论之语约444章，记孔门弟子相互谈论之语48章。"仁"是《论语》的思想核心。儒家伦理"仁义礼智信"为"五常"，孔子提出"仁、义、礼"，孟子延伸为"仁、义、礼、智"，董仲舒扩充为"仁、义、礼、智、信"。①

---

① 【《史记·孔子世家》】聪明深察而近于死者，好议人者也。博辩广大危其身者，发人之恶者也。为人子者毋以有己，为人臣者毋以有己。
【《论语》】己所不欲，勿施于人……君子成人之美，不成人之恶……躬自厚而薄责于人……礼之用，和为贵。乐而不淫，哀而不伤……子曰：吾十有五而志于学，三十而立，四十而不惑，五十而知天命，六十而耳顺，七十而从心所欲，不逾矩。
【《论语·子路》】君子和而不同，小人同而不和。
【《论语·阳货》】子曰："色厉而内荏，譬诸小人，其犹穿窬之盗也与？"子曰："乡愿，德之贼也。"子曰："道听而涂说，德之弃也。"子曰："鄙夫可与事君也与哉？其未得之也，患得之；既得之，患失之。苟患失之，无所不至矣。"
【《晏子春秋·内篇问上》】谋度于义者必得，事因于民者必成。

孟性善荀说不

孟子(约前372—前289),名轲,战国时期邹国(今山东邹城)人。著名思想家,儒家学派的代表人物之一,与孔子并称"孔孟"。宣扬"仁政","老吾老以及人之老,幼吾幼以及人之幼",最早提出"民贵君轻"的思想。在人性方面,孟子主张性善论,以为人生来就具备仁、义、礼、智四种品德。人可以通过内省去保持和扩充它,否则将会丧失这些善的品质。得志时,与百姓一同遵循正道而行;不得志时,就独自行走自己的道路。富贵不能使他的思想迷惑,贫贱不能使他的操守动摇,威武不能使他的意志屈服,这才叫作有志气有作为的男子(大丈夫)。

荀子(约前313—前238),名况,战国末期赵国人,著名思想家,时人尊称"荀卿"。荀子对儒家思想有所发展,在人性问

【四字鉴】

青胜于蓝，富贵不淫。
民贵君轻，舟君水民。

题上，提倡性恶论，主张人性有恶，否认天赋的道德观念，强调后天环境和教育对人的影响。《荀子·劝学》："青，取之于蓝而青于蓝。"学生如果能用功研究学问，坚持不懈地努力，就可以比他的老师更有成就。《荀子·王制》中说，统治者像是一条船，而广大的民众犹如河水，水既可以把船载负起来，也可以将船淹没掉。①

---

① 【《孟子》】民为贵，社稷次之，君为轻……富贵不能淫，贫贱不能移，威武不能屈。
【《孟子·公孙丑上》】齐人有言曰："虽有智慧，不如乘势；虽有镃基，不如待时。"……故事半古之人，功必倍之，惟此时为然。
【《荀子·王制》】庶人安政，然后君子安位。传曰：君者，舟也；庶人者，水也；水则载舟，水则覆舟。
【《荀子·君道》】法者，治之端也，君子者，法之原也。故有君子，则法虽省，足以遍矣；无君子，则法虽具，失先后之施，不能应事之变，足以乱矣。
【《荀子·天论》】强本而节用，则天不能贫；养备而动时，则天不能病；修道而不贰，则天不能祸。
【《荀子·天论》】列星随旋，日月递炤，四时代御，阴阳大化，风雨博施，万物各得其和以生，各得其养以成，不见其事而见其功，夫是之谓神。
【《荀子·非十二子》】不诱于誉，不恐于诽。率道而行，端然正己，不为物倾侧。夫是之谓诚君子。

【四字鉴】

yuē jiān xiāng ài, yuē jiāo xiāng lì.
曰兼相爱，曰交相利。
láo zhě dé xī, luàn zhě děi zhì.
劳者得息，乱者得治。

墨子（约前468—前376）名翟，鲁国人（生于今山东滕州），战国思想家，墨家学派的创始人。主张爱无差别等级，不分厚薄亲疏。主张非攻，自古及今，不论什么形式的战争，其受害最深的首先是人民群众。《墨子·公输》记述，墨子"行十日十夜"面见公输盘，以"杀所不足，而争所有馀，不可谓智。宋无罪而攻之，不可谓仁。知而不争，不可谓忠。争而不得，不可谓强"的"四不论"挫败公输盘，以"臣见大王之必伤义而不得"说服楚王免战。

2016年8月16日1时40分，我国在酒泉用长征二号丁运载火箭成功将世界首颗量子科学实验卫星"墨子号"发射升空。墨子最早通过小孔成像实验发现了光是直线传播的，第一次对光直线传播进行了科学解释。①

---

① 【《墨子》】染于苍则苍，染于黄则黄，所入者变，其色亦变。五入必而已则为五色矣。故染不可不慎也。非独染丝然也，……士亦有染。
【《墨子·经说下》】影。光之人，照若射。下者之人也高，故成影于上。首蔽上光，故成影于下。在远近，有端与于光，故影窟内也。
【《墨子·非命上》】子墨子言曰：有本之者，有原之者，有用之者。于何本之？上本之古者圣王之事。于何原之？下原察百姓耳目之实。于何用之？发以为刑政，观其中国家百姓人民之利。此所谓言有三表也。
【《墨子·修身》】志不强者智不达，言不信者行不果。
【《墨子·尚贤上》】贤良之士众，则国家之治厚；贤良之士寡，则国家之治薄。

佛教在西汉末年东汉初年传入我国。白马寺位于河南省洛阳市，创建于东汉永平十一年（68年），是佛教传入中国后兴建的第一座官办寺院。公元67年，印度高僧摄摩腾和竺法兰应邀和东汉使者一道，用白马驮载佛经、佛像同返国都洛阳。汉明帝安排他们在当时负责外交事务的官署"鸿胪寺"暂住。第二年，敕令在洛阳西兴建僧院，取名"白马寺"。"寺"即"鸿胪寺"之"寺"，后成中国寺院泛称。两位高僧在此译出《四十二章经》，为现存中国第一部汉译佛典。①

张道陵（34—156），字辅汉，原名陵，东汉丰县（今江苏徐州丰县）人。西汉开国大功臣张良之后，道教祖师。道教是中国本土宗教，在中国古代鬼神崇拜观念上，以黄、老道家思想为理论根据，承袭神仙方术衍化形成。东汉末年出现大量道教组织，如太平道、五斗米道等。

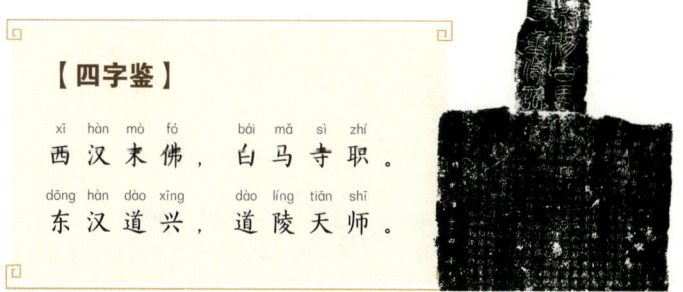

【四字鉴】

xī hàn mò fó　bái mǎ sì zhí
西汉末佛，白马寺职。
dōng hàn dào xīng　dào líng tiān shī
东汉道兴，道陵天师。

---

① 【汉代王充《论衡·卷十三·别通》】德不优者，不能怀远，才不大者，不能博见。
【《论衡·卷三十·自纪》】为世用者，百篇无害；不为用者，一章无补。

【四字鉴】

lóng zhōu zòng zǐ　　chǔ cí lí sāo
龙　舟　粽　子，楚　辞　离　骚。
wǔ yuè chū wǔ　　mì luó jiāng tāo
五　月　初　五，汨　罗　江　涛。

怀屈原划龙舟

屈原（前340—前278），战国时楚国诗人。出生于秭归（今湖北宜昌）。芈姓，屈氏，名平，字原。楚国郢都被秦军攻破后，屈原自沉于汨罗江，以身殉国。屈原是中国历史上第一位伟大的爱国诗人，"楚辞"的代表作家，主要作品有《离骚》《九歌》《九章》《天问》等。赛龙舟是中国端午节的习俗之一，其起源有多种说法，如祭曹娥、祭屈原、祭水神或龙神等祭祀活动。民间传说粽子是为祭奠投江的屈原而传承下来的，吃粽子是为了纪念屈原。①

---

① 【学者言】屈原的名字对我们更为神圣。他不仅是古代的天才歌手，而且是一名伟大的爱国者，无私无畏，勇敢高尚。他的形象保留在每个中国人的脑海里。无论在国内国外，屈原都是一个不朽的形象。我们就是他生命长存的见证人。
【《续齐谐记》】屈原五月五日投汨罗水，楚人哀之，至此日，以竹筒子贮米投水以祭之。汉建武中，长沙区曲忽见一士人，自云三闾大夫，谓曲曰："闻君当见祭，甚善。常年为蛟龙所窃，今若有惠，当以楝叶塞其上，以彩丝缠之。此二物，蛟龙所惮。"曲依其言。今五月五日作粽，并带楝叶、五花丝，遗风也。
【屈原《离骚》】长太息以掩涕兮，哀民生之多艰。

司马迁愤著书

司马迁（前145—？），字子长，夏阳（今陕西韩城南）人。西汉史学家、文学家。因替李陵败降之事辩解而受宫刑，后任中书令，发奋著史籍，创作了中国第一部纪传体通史《史记》（原名《太史公书》）。《史记》记载了从传说中的黄帝时代，至西汉武帝时期共3000多年的历史，被鲁迅誉为

【四字鉴】

死或泰山，死或鸿毛。
通史史记，史家文豪。

"史家之绝唱，无韵之离骚"。司马迁在《报任少卿书》（《报任安书》）中写道："素所自树立使然也。人固有一死，或重于泰山，或轻于鸿毛，用之所趋异也。"人本来就有一死，但有的人死得比泰山还重，有的人却比鸿毛还轻，这是因为他们生存所追求的东西不同啊！①

---

① 【《史记·太史公自序》】迁生龙门，耕牧河山之阳。年十岁则诵古文。二十而南游江、淮，上会稽，探禹穴，窥九疑，浮沅、湘。北涉汶、泗，讲业齐鲁之都，观夫子遗风，乡射邹峄；厄困蕃、薛、彭城，过梁、楚以归。
【赵翼《廿二史札记》】司马迁参酌古今，发凡起例，创为全史。本纪以序帝王，世家以记侯国，十表以系时事，八书以详制度，列传以专人物。然后一代君臣政事贤否得失，总汇于一篇之中。自此例一定，历代作史者，遂不能出其范围，信史家之极则也。
【《史记·郦生陆贾列传》】王者以民人为天，而民人以食为天。
【《史记·平津侯主父列传》】盖闻治国之道，富民为始；富民之要，在于节俭物，蛟龙所惮。"曲依其言。今五月五日作粽，并带楝叶、五花丝，遗风也。

扁鹊（前407—前310），秦氏，名缓，字越人，春秋战国时期名医。今河北沧州市任丘市人。因医术高超，人们借用神医"扁鹊"的名号来称呼他。扁鹊奠定了中医学的切脉诊断方法，中医四诊法：望诊、闻诊、问诊和切诊，扁鹊称为望色、听声、写影和切脉。公元前357年，扁鹊到齐国都城临淄，受到齐桓侯接见，扁鹊望着桓侯的颜色，便说："君有疾在腠理，不治将深。"桓侯答道："寡人无疾"。他离开后，桓侯就对左右的人说："医之好利也，欲以不疾者为功。"后扁鹊多次警告桓侯病已加重，桓侯没有理睬。最后，扁鹊见了桓侯的脸色就溜走了。扁鹊说："疾之居腠理，汤熨之所及也；在血脉，针石之所及也；在肠胃，酒醪之所及也；其在骨髓，虽司命无奈之何，今在骨髓，臣是以无请也。"不久桓侯病发，医治无效而死去。①

【四字鉴】

wàng wén wèn qiè　　sì zhěn biǎn què
望闻问切，四诊扁鹊。
bìng rù gāo huāng　　cài hóu yǒu huǐ
病入膏肓，蔡侯有悔。

---

① 【《史记·扁鹊仓公列传》】女无美恶，居宫见妒；士无贤不肖，入朝见疑。故扁鹊以其伎见殃，仓公乃匿迹自隐而当刑。缇萦通尺牍，父得以后宁。故老子曰"美好者不祥之器"，岂谓扁鹊等邪？

张仲景王粲服

张仲景(约150或154—约215或219),名机,字仲景,南阳涅阳县(今河南省邓州市穰东镇张寨村)人。东汉末年医学家,被称"医圣"。写出了传世巨著《伤寒杂病论》,确立六经辨证的治疗原则,受到历代医学家的推崇。建安七子之冠王粲二十多岁时,曾遇"医圣"张仲景,他对王粲说:"你已经患病了,应该及早治疗。如若不然,到了四十岁,眉毛

【四字鉴】

伤(shāng)寒(hán)杂(zá)病(bìng)，医(yī)圣(shèng)神(shén)奇(qí)。
二(èr)十(shí)年(nián)前(qián)，可(kě)断(duàn)死(sǐ)期(qī)。

就会脱落。眉毛脱落后半年，就会死去。现在服五石汤，还可挽救。"可是王粲不听他的话，更不吃药。过了几天，张仲景问他："吃药没有？"王粲骗他说："已经吃了。"张仲景观察他的神色，摇摇头，说："你并没有吃药，你的神色跟往时一般。你为什么讳疾忌医，把自己的生命看得这样轻呢？"王粲始终不信。二十年后眉毛果然慢慢地脱落，再半年就死了。①

---

① 【《伤寒论·张仲景原序》】论曰：余每览越人入虢之诊，望齐侯之色，未尝不慨然叹其才秀也！怪当今居世之士，曾不留神医药，精究方术，上以疗君亲之疾，下以救贫贱之厄，中以保身长全，以养其生。但竞逐荣势，企踵权豪，孜孜汲汲，惟名利是务，崇饰其末，忽弃其本，华其外而悴其内。皮之不存，毛将安附焉？卒然遭邪风之气，婴非常之疾，患及祸至，而方震栗；降志屈节，钦望巫祝，告穷归天，束手受败。赍百年之寿命，持至贵之重器，委付凡医，恣其所措。咄嗟呜呼！厥身已毙，神明消灭，变为异物，幽潜重泉，徒为啼泣。痛夫！举世昏迷，莫能觉悟，不惜其命，若是轻生，彼何荣势之云哉？而进不能爱人知人，退不能爱身知己，遇灾值祸，身居厄地，蒙蒙昧昧，蠢若游魂。哀乎！趋世之士，驰竞浮华，不固根本，忘躯徇物，危若冰谷，至于是也。

华佗能开操颅

华佗（约145—208），名旉，字元化，沛国谯县人，东汉末年人，被誉为"神医"。他医术全面，尤其擅长外科，并精通内、妇、儿、针灸各科。华佗首创用全身麻醉法施行外科手术，被后世尊之为"外科鼻祖"，华佗"麻沸散"的组成是曼陀罗花一升，生草乌、全当归、香白芷、川芎各四钱，炒南星一钱。他是世界上最早使用麻醉术的人，早欧洲1600年。华佗创"五禽戏"，一叫虎戏，二叫鹿戏，三叫熊戏，四叫猿戏，五叫鸟戏，可锻炼身体，也可以用来防治疾病。晚年因想用手术治疗曹操头风病而遭怀疑，下狱被拷问致死。①

三国时期吴国名医董奉（约221—264），现今福建闽县人，长期隐居江西庐山，行医从不索取酬金，重病病人好后，须栽五棵杏树，轻病病人好后栽一棵，几年后，庐山杏树多达十万株。董奉把成熟杏子换卖成粮食济贫救饥。后人们用"杏林"代称医生。

【四字鉴】

huá tuó cāo qǐ　　yǎn wǔ qín xì
华 佗 操 起，演 五 禽 戏。

shǒu shù zhī qián　　néng yòng má fèi
手 术 之 前，能 用 麻 沸。

---

① 【《魏书·华佗传》】府吏儿寻、李延共止，俱头痛身热，所苦正同。佗曰："寻当下之，延当发汗。"或难其异，佗曰："寻外实，延内实，故治之宜殊。"即各与药，明旦并起。

【《魏书·华佗传》】太祖闻而召佗，佗常在左右。太祖苦头风，每发，心乱目眩，佗针鬲，随手而差。

【《寰宇记》】钟离县杏山，吴时董奉居于此，为人治病，惟令种杏五株，数年，杏至万株。

张衡（78—139），今河南南阳市石桥镇人，与司马相如、扬雄、班固并称汉赋四大家。张衡发明了浑天仪、地动仪，由于他的贡献突出，联合国天文组织将月球背面的一个环形山命名为"张衡环形山"，太阳系中的1802号小行星命名为"张衡星"。

汉顺帝阳嘉三年（134年）12月13日，地动仪吐出了铜球，掉进了那个蟾蜍的嘴里。当时在京师（洛阳）的人们没感到地震的迹象，议论纷纷，责怪地动仪不灵验。没过几天，陇西（今甘肃省天水地区）有人快马来报，证实那里发生了地震，张衡的高超技术令人信服。①

【四字鉴】

dì dòng yí qiǎo　　lóng zhū tū diào
地 动 仪 巧，　龙 珠 突 掉。
dì zhèn lǒng xī　　qiān lǐ zhī dào
地 震 陇 西，　千 里 知 道。

---

① 【《后汉书》】阳嘉元年，复造候风地动仪。以精铜铸成，员径八尺，合盖隆起，形似酒尊，饰以篆文山龟鸟兽之形。中有都柱，傍行八道，施关发机。外有八龙，首衔铜丸，下有蟾蜍，张口承之。其牙机巧制，皆隐在尊中，覆盖周密无际。如有地动，尊则振龙机发吐丸，而蟾蜍衔之。振声激扬，伺者因此觉知。虽一龙发机，而七首不动，寻其方面，乃知震之所在。验之以事，合契若神。自书典所记，未之有也。尝一龙机发而地不觉动，京师学者咸怪其无征，后数日驿至，果地震陇西，于是皆服其妙。自此以后，乃令史官记地动所从方起。

蔡侯纸东汉出

【四字鉴】

竹简笨重，锦帛昂贵。
轻便便宜，用蔡侯纸。

蔡伦（？—121），字敬仲，东汉桂阳郡人。蔡伦的造纸术（"蔡侯纸"）被列为中国古代"四大发明"之一。①

① 【范晔《后汉书》】伦乃造意，用树肤、麻头及敝布、鱼网以为纸。元兴元年奏上之，帝善其能，自是莫不从用焉，故天下咸称"蔡侯纸"。

成书于东汉前期的《九章算术》是中国古代第一部数学专著。祖冲之（429—500），字文远，祖籍范阳郡遒县，南北朝时期人。祖冲之算出圆周率π的真值在3.1415926和3.1415927之间，精确到第7位小数，领先世界近千年。科学家祖冲之在数学、天文学、机械制造方面均有过重要贡献。他学识渊博，主要著作是《缀（zhuì）术》，制定出当时最先进的历法《大明历》。每一个成果都经过他认真学习、刻苦钻研、反复实践。①

【四字鉴】

dōng hàn jiǔ zhāng　shù xué jī chǔ
东 汉 九 章， 数 学 基 础。
nán cháo yuán lǜ　hòu qī wèi shù
南 朝 圆 率， 后 七 位 数。

---

① 【《九章算术》】第七章"盈不足"专讲盈亏问题及其解法其中第一题："今有（人）共买物，（每）人出八（钱），盈（余）三钱；人出七（钱），不足四（钱），问人数、物价各几何"，"答曰：七人，物价53（钱）"。"盈不足术曰：置所出率，盈、不足各居其下。令维乘（即交错相乘）所出率，并以为实，并盈、不足为法，实如法而一……置所出率，以少减多，余，以约法、实。实为物价，法为人数"。

【刘徽《九章算术》作注】周公制礼而有九数，九数之流则《九章》是矣。

【《南齐书》】祖冲之，字文远，范阳蓟人也。祖昌，宋大匠卿。父朔之，奉朝请。冲之少稽古，有机思。宋孝武使直华林学省，赐宅宇车服。解褐南徐州迎从事，公府参军。宋元嘉中用何承天所制历，比古十一家为密，冲之以为尚疏，乃更造新法。

【四字鉴】

为注水经，半生游历。
地理大全，如画如诗。

郦道元（466、470或472—527），字善长，北魏时范阳涿州（今河北涿县）人，杰出的地理学家。汉末三国有人曾著《水经》。

郦道元曾在朝廷和地方上任职，充分利用在各地做官的机会进行实地考察，足迹遍及黄淮流域，也到过长江流域的一些地方。他在研究前人地理学著作和野外考察的基础上，写出了《水经注》一书。全书共40卷，30多万字，记载了1252条河流的源头、河道、支流，介绍了这些河流流经地区的水文、地形、气候、土壤、物产，以及历史古迹、风土人情等，是一部综合性的地理学著作。《水经注》是中国古代最完整的水文地理巨著，也是一部山水散文汇集，文字优美，对景物的描写如诗如画，对后世游记散文的发展有很大的影响。①

---

① 【《魏书》】道元好学，历览奇书。撰注《水经》四十卷、《本志》十三篇，又为《七聘》及诸文，皆行于世。然兄弟不能笃穆，又多嫌忌，时论薄之。
【学者言】《水经注》作者也是一位了不起的人。《水经注》写得好！但不是深入实地地去走一走是写不出那么好的文字的。郦道元从事野外工作力求实证的方法和成果，标志着中国古代地理学进入一个新阶段。
【《北史》】鲁阳郡地僻山隅，俗染剽悍，火种刀耕，人鲜知学。道元先任冀州刺史，化行政决，盗息民安；今守鲁阳，特建黉序，阐扬圣教，释金革而诵弦歌，家诗书而户礼乐。

贾思勰，北魏时人，今山东省寿光市西南人，所著《齐民要术》（约533—544年成书）是中国现存最早的一部完整的农书。《齐民要术》包括了粮食作物、园艺作物、林木、种桑养蚕、畜牧、养鱼、农副产品加工等内容。

贾思勰在《齐民要术》种谷一节中指出：如果一个人顺应天时衡量地利，那么可以花很少的力气而获得最大的成功。如果放纵情感违反规律，将徒劳而一无所获。

贾思勰著农书

第二篇 097

【四字鉴】

贾太守有，齐民要术。
农家之宝，林牧渔副。

潜入水中伐木，爬到山上捕鱼，最后遭受的必定是虚无的，就像逆着山坡推圆形的东西，那种形势是很艰难的。①

贾思勰在《齐民要术》中，教导人民要掌握天时和土壤的条件来进行生产。他很注意天时、地利与农作物的关系，提到顺应天时（时令），量（估量）地利（土地情况），则用力少而成功多，任情（凭主观）反道（违反客观规律），劳而无获。种作物要充分利用"上时"（最好的时机），根据不同的土质条件，才能获得好收成。这就是我们现在经常说的"不失农时"和"因地制宜"的道理。他认为只有掌握天时和土壤条件来进行生产，才能获得好收成。

---

① 【《齐民要术》·作菹藏生菜法第八十八】九月、十月中，于墙南日阳中掘作坑，深四五尺。取杂菜种别布之，一行菜一行土，去坎一尺许便止，以穰厚覆之，得经冬，须即取。粲然与夏菜不殊。
【《齐民要术》·种谷】顺天时，量地利，则用力少而多成功多。任情返道，劳而无获。入泉伐木，登山求鱼，受必虚，逆坂走丸，其势难。

操显骨文姬扬

  汉末建安时期(196—220)文坛巨匠"三曹"(曹操、曹丕、曹植)、"七子"(孔融、陈琳、王粲、徐干、阮瑀、应玚、刘桢)和蔡琰(女)等诗人继承了汉乐府民歌的现实主义传统,作品以五言为主,风骨遒,慷慨悲凉,形成"建安风骨"独特风格。《蒿里行》是汉末曹操作:"白骨露于野,千里无鸡鸣。"诗中对因战乱而陷于水深火热之中的苦难人民表示了极大的悲愤和同情。全诗风格质朴,沉郁悲壮,文风形象具体,内蕴深厚。《蒿里行》描绘了东汉末年经济凋敝、人口减少和百姓生活困苦的社会现实。原因在于东汉末年州牧郡守拥兵割据、战乱不断。①

---

① 【刘勰《文心雕龙·风骨》】怊怅述情,必始乎风;沉吟铺辞,莫先于骨。故辞之待骨,如体之树骸;情之含风,犹形之包气。结言端直,则文骨成焉;意气骏爽,则文风生焉。

【四字鉴】

慷慨悲凉，建安风骨。
蒿里行泣，胡笳泪舞。

　　《步出夏门行》诗中"壮心"指的是曹操想要统一全国的愿望。最终曹操并没有实现这一愿望，因为随着刘备、孙权势力的上升和赤壁之战中曹操的失败，最终形成的是三分天下的局面。②

　　蔡琰，字文姬，今河南开封杞县人，文学家蔡邕的女儿。被匈奴左贤王掳走，嫁给匈奴人，并生育了两个孩子。曹操统一北方，用重金将蔡琰赎回。蔡琰同时擅长文学、音乐、书法，作品有《悲愤诗》二首和《胡笳十八拍》。

---

② 【曹操《步出夏门行·观沧海》】东临碣石，以观沧海。水何澹澹，山岛竦峙。树木丛生，百草丰茂。秋风萧瑟，洪波涌起。日月之行，若出其中；星汉灿烂，若出其里。幸甚至哉，歌以咏志。

曹植（192—232），字子建，曹操的第三个儿子，魏文帝曹丕的弟弟，《七步诗》的作者。"煮豆持作羹，漉菽以为汁。萁在釜下燃，豆在釜中泣。本自同根生，相煎何太急？"

《洛神赋》是曹植创作的辞赋名篇。"其形也，翩若惊鸿，婉若游龙。荣曜秋菊，华茂春松。髣髴兮若轻云之蔽月，飘飖兮若流风之回雪。远而望之，皎若太阳升朝霞；迫而察之，灼若芙蕖出渌波。"谢灵运评价曹植：天下之才共一石，曹子建独占八斗，我占一斗，天下人共分一斗。①

曹植诗成七步

【四字鉴】

cái gāo bā dǒu　　zhuàn luò shén fù
才高八斗，撰洛神赋。
xiōng dì tóng gēn　　xiāng jiān hé kǔ
兄弟同根，相煎何苦。

① 【刘克庄评曹植】曹植以盖代之才，它人犹爱之，况于父乎。使其少加智巧，夺嫡犹反手尔。植素无此念，深自敛退，虽丁仪等坐诛，辞不连植。黄初之世，数有贬削，方且作诗责躬，上表求自试。兄不见察，而不敢废恭顺之义，卒以此自全，可谓仁且智矣。文中子曰：至哉思王，以天下让。真笃论也。
【梁《高僧传》】陈思王曹植，深爱声律，属音经音，既通般遮之瑞响，又感鱼山之神制，于是删治瑞应本起，以为学者之宗，传声则三千有余，在契则四十有二。

【四字鉴】

心远地偏，诗文桃源。
采菊南山，带月田园。

陶渊明（352或365—427），字元亮，又名潜，号"五柳先生"，今江西省九江市人。东晋末至南朝宋初诗人、辞赋家。曾任彭泽县令八十多天便归隐田园。作品平淡自然，感受真实，田园诗典范。代表作《桃花源记》，借武陵渔人行踪这一线索，描绘了桃花源的安宁和乐、自由平等生活。①

---

① 【《陶渊明集序》】有疑陶渊明诗篇篇有酒，吾观其意不在酒，亦寄酒为迹者也。其文章不群，辞彩精拔，跌宕昭彰，独超众类，抑扬爽朗，莫之与京。横素波而傍流，干青云而直上。语时事则指而可想，论怀抱则旷而且真。加以贞志不休，安道苦节，不以躬耕为耻，不以无财为病，自非大贤笃志，与道污隆，孰能如此乎？
【陶渊明《饮酒》·其五】结庐在人境，而无车马喧。问君何能尔？心远地自偏。
【陶渊明《归园田居》】种豆南山下，草盛豆苗稀。晨兴理荒秽，带月荷锄归。
【钟嵘《诗品》】文体省净，殆无长语。笃意真古，辞兴婉惬。每观其文，想其人德。世叹其质直。至如"欢颜酌春酒"，"日暮天无云"，风华清靡，岂直为田家语邪！古今隐逸诗人之宗也。
【晋代陆机《文赋》】收百世之阙文，采千载之遗韵。

【四字鉴】

浮云惊龙，书圣力注。
兰亭集序，太宗入墓。

王羲之（303—361），中国东晋书法家，字逸少，号澹斋，汉族，祖籍琅琊（今属山东临沂），后迁会稽（今浙江绍兴），晚年隐居剡县金庭，有"书圣"之称，代表作《兰亭集序》被誉为"天下第一行书"。唐太宗爱《兰亭集序》，吩咐儿子把它随葬入其墓中。王羲之书法飘若浮云，矫若惊龙。王羲之很喜欢鹅，从观察鹅的动作形态中悟到书法之理。有一次出外，看到一群漂亮的白鹅，便想买下。这些鹅是一个道士养的，道士听说王羲之要买，便说：只要王右军能为我抄一部《黄庭经》，便将那些鹅送给他，王羲之欣然答应。①

---

① 【《兰亭序》（又名《兰亭集序》）】永和九年，岁在癸丑，暮春之初，会于会稽山阴之兰亭，修禊事也。群贤毕至，少长咸集。此地有崇山峻岭，茂林修竹，又有清流激湍，映带左右，引以为流觞曲水，列坐其次。虽无丝竹管弦之盛，一觞一咏，亦足以畅叙幽情。是日也，天朗气清，惠风和畅。仰观宇宙之大，俯察品类之盛，所以游目骋怀，足以极视听之娱，信可乐也。夫人之相与，俯仰一世。或取诸怀抱，悟言一室之内；或因寄所托，放浪形骸之外。虽趣舍万殊，静躁不同，当其欣于所遇，暂得于己，快然自足，（曾）不知老之将至；及其所之既倦，情随事迁，感慨系之矣。向之所欣，俯仰之间，已为陈迹，犹不能不以之兴怀，况修短随化，终期于尽！古人云："死生亦大矣。"岂不痛哉！每览昔人兴感之由，若合一契，未尝不临文嗟悼，不能喻之于怀。固知一死生为虚诞，齐彭殇为妄作。后之视今，亦犹今之视昔，悲夫！故列叙时人，录其所述，虽世殊事异，所以兴怀，其致一也。后之览者，亦将有感于斯文。
【唐太宗评王羲之】心慕手追，此人而已，其余区区之类，何足论哉！
【钟繇】曹魏书法家钟繇（yáo）创楷书书法，其书被称绝世之作，有"中国书史之祖"称，而后被称为"书圣"却是东晋书法家王羲之。

【四字鉴】

顾名有三，才画痴绝。
女史洛神，点睛准确。

顾恺之洛神图

顾恺之（约348—409），字长康，是中国东晋时期的画家，今江苏无锡人，约364年在南京为石棺寺画维摩诘像。顾恺之与曹不兴、陆探微、张僧繇合称"六朝四大家"。精于人像、佛像、禽兽、山水等，时人称之为三绝：画绝、文绝和痴绝。代表作《女史箴图》

《洛神赋图》。顾恺之每当画完一幅人物画后，都留下眼珠不画，甚至好几年都不画。他说，人物表现最重要的是眼睛，一定要慎重。①

---

① 【《晋书》】顾恺之，字长康，晋陵无锡人也……博学有才气……人问以会稽山川之状，恺之云：千岩竞秀，万壑争流。草木蒙笼，若云兴霞蔚……恺之每食甘蔗，恒自梢至根。人或怪之，云：渐入佳境。尤善丹青，图写特妙，谢安深重之，以为有苍生以来未之有也……每写起人形，妙绝于时。尝图裴楷象，颊上加三毛，观者觉神明殊胜……尤信小术，以为求之必得。人尝以一柳叶绐之，曰：此蝉所翳叶也，取以自蔽，人不见己。恺之喜，引叶自蔽，信其不见己也，甚以珍之……故俗传恺之有三绝：才绝，画绝，痴绝。

第叁扁

/ 中国 / 历史文化 / 三字歌 /

叁

【四字鉴】

隋(suí)朝(cháo)建(jiàn)立(lì)，开(kāi)皇(huáng)杨(yáng)坚(jiān)。
五(wǔ)省(shěng)六(liù)部(bù)，和(hé)乐(lè)长(cháng)安(ān)。

　　杨坚（541—604），即隋文帝（581—604在位），汉族，弘农郡华阴（今陕西省华阴市）人，隋朝开国皇帝。统一全国后，杨坚励精图治，开创了辉煌的"开皇之治"。结束了西魏宇文泰的鲜卑化政策，将被改成鲜卑姓的汉人大臣以及府兵将领（以及其所辖府兵）恢复汉姓。另外，废除九品中正制，改为五省六曹制，后改称五省六部制。五省为内史省、门下省、尚书省、秘书省和内侍省。秘书省掌书籍历法；内侍省为宫廷之宦官机关，两省较少涉及国家政务，实际的中枢机关为内史、门下、尚书三省。尚书省下设吏、度支、礼、兵、都官、工六曹。后来度支曹改称户部，都官曹改称刑部，六曹也改称六部。唐代初年，仿效隋朝之五省六曹制，并确立三省六部制。①

① 【《资治通鉴》】高祖性严重，令行禁止，勤于政事。每旦听朝，日昃忘倦。虽啬于财，至于赏赐有功，即无所爱；将士战没，必加优赏，仍遣使者劳问其家。爱养百姓，劝课农桑，轻徭薄赋。其自奉养，务为俭素，乘舆御物，故弊者随令补用；自非享宴，所食不过一肉；后宫皆服浣濯之衣。天下化之，开皇、仁寿之间，丈夫率衣绢布，不服绫绮，装带不过铜铁骨角，无金玉之饰。故衣食滋殖，仓库盈溢。受禅之初，民户不满四百万，末年，逾八百九十万，独冀州已一百万户。然猜忌苛察，信受谗言，功臣故旧，无始终保全者；乃至子弟，皆如仇敌，此其所短也。

第三篇　107

炀帝河五千里

隋炀帝杨广(569—618),仁寿四年(604)即皇帝位,次年年号大业。在位期间主持修建大运河、长城和东都洛阳城,开拓疆土畅通丝绸之路,三征高句丽,开创科举。618年隋炀帝在江都(今江苏扬州)被部将缢杀,隋亡。

大运河是古代史上最长的人工运河,其贯通:涿郡、洛阳、余杭等三个中心城市,永济渠、通济渠、邗沟、江南河等四大河段,海河、黄河、淮河、长江、钱塘江等五大水系。对加强我国

【四字鉴】

大运河通，炀帝杨广。
科举进士，深远影响。

南北方经济文化交流和巩固国家统一起到了巨大作用。①科举制度打破了门第的限制，给一般的知识分子提供了做官参政的机会；同时，选拔官吏的权力也从地方集中到中央，加强了中央集权。隋炀帝好大喜功，不恤民力，又纵情享乐，奢侈无度，致使民不聊生，社会矛盾激化，最后在农民起义中被部下在江都杀死。隋炀帝的残暴统治是隋朝速亡的主要原因。

---

① 【蒙曼评隋炀帝】隋炀帝是大暴君，只是，暴君不是昏君，隋炀帝虽然无德，但是有功。只是他的功业，没有和百姓的幸福感统一起来，所以才会有"巍焕无非民怨结，辉煌都是血模糊"的说法。确实，隋炀帝有功，但是无德。所谓无德，就是不识人君之大体，不知道君、臣、民之间到底应该怎样处理关系。也就是内圣不足吧。隋炀帝是个绝对的个人英雄主义者，这种个人英雄主义，表现在他对于自身建功立业的狂热追求上。事实上，正是因为隋炀帝盲目追求前无古人后无来者的英雄业绩，忽略了老百姓的承受能力，忽略了人民的幸福感，才会有滥用民力的行为，才会有最终的失败。帝王这种形式的纵欲带来的灾难，远大于追求个人享乐所带来的灾难。

李渊唐高祖立

【四字鉴】

táng cháo jiàn lì　　tài yuán lǐ yuān
唐　朝　建　立，太　原　李　渊。

xuán wǔ mén biàn　　tài shàng huáng ān
玄　武　门　变，太　上　皇　安。

唐高祖李渊（566—635），字叔德，生于长安。出身于北周的贵族家庭，袭封唐国公。617年，升任太原留守。618年5月建立唐朝。626年6月，玄武门之变后，立李世民为皇太子。8月，传位于李世民，自称太上皇。①

---

① 【《新唐书》】（李渊）凉武昭王暠七代孙也。暠生歆。歆生重耳，仕魏为弘农太守。重耳生熙，为金门镇将，领豪杰镇武川，因家焉。仪凤中，追尊宣皇帝。熙生天锡，仕魏为幢主。大统中，赠司空。仪凤中，追尊光皇帝。皇祖讳虎，后魏左仆射，封陇西郡公，与周文帝及太保李弼、大司马独孤信等以功参佐命，当时称为"八柱国家"，仍赐姓大野氏。周受禅，追封唐国公，谥曰襄。至隋文帝作相，还复本姓。武德初，追尊景皇帝，庙号太祖，陵曰永康。皇考讳昞，周安州总管、柱国大将军，袭唐国公，谥曰仁。武德初，追尊元皇帝，庙号世祖，陵曰兴宁。

【《旧唐书》】高祖以周天和元年生于长安，七岁袭唐国公。及长，倜傥豁达，任性真率，宽仁容众，无贵贱咸得其欢心。大业初，为荥阳、楼烦二郡太守，征为殿内少监。九年，迁卫尉少卿。辽东之役，督运于怀远镇。及杨玄感反，诏高祖驰驿镇弘化郡，兼知关右诸军事。高祖历试中外，素树恩德，及是结纳豪杰，众多款附。时炀帝多所猜忌，人怀疑惧。会有诏征高祖诣行在所，遇疾未谒。时甥王氏在后宫，帝问曰："汝舅何迟？"王氏以疾对，帝曰："可得死否？"高祖闻之益惧，因纵酒沉湎，纳贿以混其迹焉。

【四字鉴】

贞观之治，爱民世民。
纳谏著称，太宗政勤。

李世民（598—649），即唐太宗，唐朝第二位皇帝，杰出的政治家。626到649年在位期间。唐太宗注意吸取隋亡教训，善于用人和纳谏，当时最著名的进谏大臣是魏征。重视发展生产，轻徭薄赋，减轻人民负担，厉行节约，劝课农桑，使百姓能够休养生息，国泰民安。唐太宗李世民，年号贞观，其统治期间，政治比较清明，经济得到发展，国力增强，被誉为"贞观之治"。①

唐太宗精心治理国家，勤于政事，采取了一系列革新措施，改革弊政，减轻人民负担，鼓励农业生产。粮食连年丰收，马牛成群遍布四野，住宅向外的门几个月不关闭，米价便宜，农业生产得到恢复和发展、社会秩序安定。

---

① 【《旧唐书》】臣观文皇帝发迹多奇，聪明神武。拔人物则不私于党，负志业则咸尽其才。所以屈突、尉迟，由仇敌而愿倾心膂；马周、刘洎，自疏远而卒委钧衡。终平泰阶，谅由斯道。尝试论之：础润云兴，虫鸣螽跃。虽尧、舜之圣，不能用梼杌、穷奇而治平；伊、吕之贤，不能为夏桀、殷辛而昌盛。君臣之际，遭遇斯难，以至抉目剖心，虫流筋擢，良由遭值之异也。以房、魏之智，不逾于丘、轲，遂能尊主庇民者，遭时也……况周发、周成之世袭，我有遗妍；较汉文、汉武之恢弘，彼多惭德。迹其听断不惑，从善如流，千载可称，一人而已！
【学者言】自古能军无出李世民之右者，其次则朱元璋耳。
【唐吴兢《贞观政要·公平》】法，国之权衡也，时之准绳也。权衡所以定轻重，准绳所以正曲直。

房杜相魏征直

【四字鉴】

房谋杜断，魏征勇谏。
人镜得失，铜正衣冠。

魏征（580—643），即魏徵，唐朝宰相。魏征死后，李世民经常对身边的侍臣说："用铜镜可以端正自己的衣冠，以古史作为镜子，可以知晓兴衰更替，以人作为镜子，可以看清得失。我经常用这样的方式防止自己犯错，但现在魏征去世，我少了一面镜子。""尚书左仆射"房玄龄和"尚书右仆射"杜如晦是唐太宗两个得力宰相，并称为"房杜"。房玄龄总能够提出精辟的意见和具体的办法，但是往往不能作决定。唐太宗把杜如晦请来。一个善于出计谋，一个善于作决断，所以叫作"房谋杜断"。合作非常协调的，人们称赞"笙磬同音，惟房与杜"。①

---

① 【《旧唐书·房玄龄杜如晦传论》】世传太宗尝与文昭图事，则曰："非如晦莫能筹之。"及如晦至焉，竟从龄之策也。盖房知杜之能断大事，杜知房之善建嘉谋。
【《旧唐书·魏征传》】(太宗)尝临朝谓侍臣曰：夫以铜为镜，可以正衣冠；以古为镜，可以知兴替；以人为镜，可以明得失。朕常保此三镜，以防己过。今魏征殂逝，遂亡一镜矣！征亡后，朕遣人至宅，就其书函得表一纸，始立表草，字皆难识，唯前有数行，稍可分辨，云："天下之事，有善有恶，任善人则国安，用恶人则国乱。公卿之内，情有爱憎，憎者唯见其恶，爱者唯见其善。爱憎之间，所宜详慎，若爱而知其恶，憎而知其善，去邪勿疑，任贤勿贰，可以兴矣。"其遗表如此，然在朕思之，恐不免斯事。公卿侍臣，可书之于笏，知而必谏也。
【《贞观政要卷二·直谏(附)》】(魏征)备豫不虞，为国常道。
【房玄龄等《晋书·宣帝纪》】天地之大，黎元为本。

武则天如皇帝

武则天（624—705），名曌（zhào），别称武媚，山西文水人。中国历史上唯一一个女皇帝。无字碑位于武则天和高宗合葬的乾陵（今陕西乾县），整个陵园规制仿照唐京长安城。墓前有两块碑，一块是高宗的墓碑，上有武则天的题词；另一块是武则天的无字墓碑。武则天选官范围广泛，选拔了不少贤才，不仅是当时加强武则天统治的重要支柱，其中有些人还是后来辅佐玄宗"开元之治"的名臣贤相，如姚崇、宋璟等。

【四字鉴】

媚娘扬眉，女皇唯一。
姚崇宋璟，人才广聚。

科举制是通过分科考试选拔官员的制度，初创于隋朝，在唐朝得到完善。隋文帝时开始采用分科考试的办法选拔官员。唐朝科举制度得到发展和完善。武则天时开创了殿试和武举，唐玄宗时，诗赋成为进士科考试的重要内容。科举制度在我国封建社会实行了1300多年，直到清朝末年（1905）才被废除。科举制便于在全国范围内选拔人才，加强了中央集权，也推动了文化教育的发展，同时对亚洲国家和欧洲文官考试制度的确立产生较大影响。①

---

① 【《大唐新语》】则天初革命，大搜遗逸，四方之士应制者向万人，则天御洛阳城南门，亲自临试。
【洪迈《容斋随笔》】汉之武帝、唐之武后，不可谓不明。
【赵翼评武则天】女中英主。

唐玄宗开盛世

【四字鉴】

lì jīng tú zhì　　kāi yuán shèng shì
励精图治，开元盛世。
jiāo chǐ yín yì　　tiān bǎo wēi jī
骄侈淫逸，天宝危机。

唐玄宗李隆基（685—762），又称唐明皇。唐玄宗开元年间，社会安定，政治清明，经济空前繁荣，这一时期被称"开元盛世"。开元时期，人口众多，粮食丰盈，国库充实，百姓富足，整个社会欣欣向荣。唐玄宗天宝年间贪图享乐，宠信并重用李林甫等奸臣，导致"安史之乱"，唐朝开始衰落。①

---

① 【《资治通鉴》】圣人以道德为丽，仁义为乐；故虽茅茨土阶，恶衣菲食，不耻其陋，惟恐奉养之过以劳民费财。明皇恃其承平，不思后患，殚耳目之玩，穷声技之巧，自谓帝王富贵皆不我如，欲使前莫能及，后无以逾，非徒娱己，亦以夸人。岂知大盗在旁，已有窥窬之心，卒致銮舆播越，生民涂炭。乃知人君崇华靡以示人，适足为大盗之招也……太宗鉴前世之弊，深抑宦官无得过四品。明皇始隳旧章，是崇是长，晚节令高力士省决章奏，乃至进退将相，时与之议，自太子王公皆畏事之，宦官自此炽矣。
【唐代李翱《答朱载言书》】理辩则气直，气直则辞盛，辞盛则文工。

第三篇

【四字鉴】

开元贤相，曲江风度。
梅关古道，游子思故。

九龄鏊梅开驿

张九龄（673/678—740），字子寿，号博物，韶州曲江（今广东韶关）人。名相诗人，耿直温雅，风仪甚整，时人誉为"曲江风度"。向朝廷推荐人才时，唐玄宗总问："风度得如九龄否？"开元四年（716）秋，张九龄去官归养岭南。大庾岭梅关险阻，"人苦峻极"，向朝廷状请开大庾岭路，得到朝廷批准。自任开路主管，征集民夫，开凿梅关古驿道。古道修好，南北路通，张九龄撰《开凿大庾岭路序》言：梅关古驿道"转输以之化劳，高深为之失险。于是乎镶耳贯胸之类，殊琛绝赍之人，有宿有息，如京如坻"。①

————————
① 【《旧唐书》】九龄文学政事，咸有所称，一时之选也。

"世谓李林甫'口有蜜，腹有剑'。"李林甫，唐玄宗的宰相。才艺不错，能书善画，但品德坏透，忌才害人。他以谄媚奉承讨好唐玄宗及其宠信的嫔妃以及心腹太监。与人接触，外表和蔼可亲，嘴里说动听的"善意"话，但阴险狡猾，暗中害人。一次，他诚恳地对同僚李适之说："华山出产大量黄金，如果能够开采出来，就可大大增加国家的财富。可惜皇上还不知道。"李适之信以为真，跑去建议。唐玄宗把李林甫找来商议，李林甫却说："这件事我早知道了，华山是帝王'风水'集中的地方，怎么可以随便开采呢？别人劝您开采，恐怕是不怀好意。"唐玄宗认为他忠君爱国，逐渐疏远李适之。司马光的《资治通鉴》认为李林甫是个口蜜腹剑的人。①

李腹剑口如蜜

【四字鉴】

口蜜腹剑，上媚阻谏。
妒贤排异，死于逃乱。

---

① 【《资治通鉴》】尤忌文学之士，或阳与之善，啖以甘言而阴陷之。世谓李林甫"口有蜜，腹有剑。"
【王世贞《鸣凤记·南北分别》】这厮口蜜腹剑，正所谓愿怨而友者也。

天可汗俘颉利

【四字鉴】

zhēn guān sì nián　bài tiān kè hán
贞 观 四 年，拜 天 可 汗。
ān xī sì zhèn　dōu hù tǒng guǎn
安 西 四 镇，都 护 统 管。

　　颉利可汗（579—634），原名阿史那咄苾，封归义王，是东突厥汗国最后一任可汗。天可汗是唐代少数民族首领对唐太宗的尊称，李世民成为当时天下共主。此外，唐高宗、唐中宗、唐睿宗、唐玄宗也曾被称为"天可汗"。唐初，北方突厥汗国强大，时常出兵骚扰。627年（贞观元年），东突厥的颉利可汗亲率十万大军，直逼渭水。唐太宗当时采取守势，629年，关中丰收，唐朝统治已初步巩固。而突厥霜旱天灾，牲畜大量死亡，各部不堪颉利勒索，纷纷叛离。时机成熟，唐大将李绩、李靖带领十几万军队出击突厥。第二年，追击突厥至阴山以北，俘虏了颉利可汗，东突厥灭亡。贞观四年（630），四夷君长请唐太宗为"天可汗"，群臣及四夷同称唐太宗万岁。各部首领说："臣等是唐朝的属民，到天至尊这里来，就像见父母，请在回纥、突厥部开一路,称之为参天至尊道(参天可汗道),世世代代为唐朝的臣属。"唐太宗下诏设置六十八所驿站,贞观十四年(640),设西州都护府、安西都护府,统辖安西四镇,最大管辖范围曾一度完全包括天山南北,并至葱岭以西,直达波斯。①唐代周边少数民族向汉族学习农业耕作技术,种植谷物,同时少数民族的音乐、饮食、服装、骑马等也在唐代广为流传,各民族相互影响、不断交融,共同发展。

---

① 【《旧唐书》】四年四月,颉利(可汗)自率万余骑,与马邑贼苑君璋将兵六千人共攻雁门。定襄王李大恩击走之。(图为辛未年七月沙州百姓一万人上回鹘大圣天可汗状)

松赞普文成娶

松赞干布(617—650),在赞普位期间(629—650),迁都逻些(今西藏拉萨),平定吐蕃内乱,降服羊同,统一西藏,促进了吐蕃政治、经济、文化的全面发展,贞观十五年(641),松赞干布至柏海(今青海扎陵湖鄂陵湖)迎娶文成公主(625—680)。唐封松赞干布为驸马都尉、西海郡王。

松赞干布派了一批精通藏文的贵族子弟到唐都长安,入太学学习《诗》《书》,大量地接受先进文化。松赞干布专门为公主修筑的布达

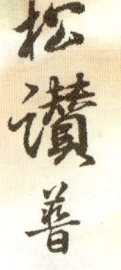

藏族青年
(林超英 画)

【四字鉴】

tǔ bō zàn pǔ　　sōng zàn gān bù
吐蕃赞普,松赞干布。
hàn zàng jiāo liú　　wén chéng gōng zhǔ
汉藏交流,文成公主。

拉宫，共有1000间宫室，富丽壮观，气势磅礴。后两次扩建，主楼13层，高117米，面积36万余平方米。文成公主带到西藏的东西有"释迦佛像、珍宝、金玉书橱、360卷经典、各种金玉饰物"，又有很多烹饪食物，各类饮料，各种花纹图案的锦缎垫被，卜筮经典300种，用以分别善与恶的明鉴，营造与工技著作60种，治404种病的医方100种，医学论著4种，诊断法5种，医疗器械6种。还带了芜菁种子等入藏。①

唐中宗时，金城公主与尺带珠丹成亲，尺带珠丹上表唐蕃已"合同为一家"。其密切了唐蕃经济文化交流，增强了汉藏两族的友谊，有利于民族团结和国家统一。

---

① 【《旧唐书》】太宗以文成公主妻之，令礼部尚书、江夏郡王道宗主婚，持节送公主于吐蕃。弄赞率其部兵次柏海，亲迎于河源。见道宗，执子婿之礼甚恭。既而叹大国服饰礼仪之美，俯仰有愧沮之色。及与公主归国，谓所亲曰："我父祖未有通婚上国者，今我得尚大唐公主，为幸实多。当为公主筑一城，以夸示后代。"遂筑城邑，立栋宇以居处焉。公主恶其人赭面，弄赞令国中权且罢之，自亦释毡裘，袭纨绮，渐慕华风。仍遣首豪子弟，请入国学以习《诗》《书》。又请中国识文之人典其表疏……因请蚕种及造酒、碾、硙、纸、墨之匠，并许焉。乃刊石像其形，列昭陵玄阙之下。

杨贵妃魂断马嵬崖

杨玉环（719—756），号太真，姿质丰艳，善歌舞，通音律，李白《清平调》说她"云想衣裳花想容，春风拂槛露华浓"。白居易《长恨歌》形容她"温泉水滑洗凝脂""回眸一笑百媚生，六宫粉黛无颜色"，是中国古代四大美女之一。唐玄宗李隆基册封为贵妃。天宝十五年（756），安禄山发动叛乱，流亡蜀中，在马嵬驿死于乱军之中。杜甫《哀江头》诗："明眸皓齿今何在？血污游魂归不得。"①

【四字鉴】

wàn zhǒng jiāo mèi　　jí yú yì shēn
万种娇媚，集于一身。

huá qīng chí chǒng　　mǎ wéi yì hún
华清池宠，马嵬驿魂。

① 【白居易《长恨歌》（选）】汉皇重色思倾国，御宇多年求不得。杨家有女初长成，养在深闺人未识。天生丽质难自弃，一朝选在君王侧。回眸一笑百媚生，六宫粉黛无颜色。春寒赐浴华清池，温泉水滑洗凝脂。侍儿扶起娇无力，始是新承恩泽时。云鬓花颜金步摇，芙蓉帐暖度春宵。春宵苦短日高起，从此君王不早朝。承欢侍宴无闲暇，春从春游夜专夜。后宫佳丽三千人，三千宠爱在一身。金屋妆成娇侍夜，玉楼宴罢醉和春。姊妹弟兄皆列士，可怜光彩生门户。遂令天下父母心，不重生男重生女。骊宫高处入青云，仙乐风飘处处闻。缓歌慢舞凝丝竹，尽日君王看不足。渔阳鼙鼓动地来，惊破《霓裳羽衣曲》。

【四字鉴】

唐盛转衰，祸乱安史。
八年平乱，子仪光弼。

郭子仪（697—781），安史之乱爆发后，拜朔方节度使，率兵勤王，收复河北和河东地区，拜兵部尚书、同平章事。安史之乱是中国唐代玄宗末年至代宗初年（755—763）由唐朝将领安禄山与史思明发动的叛乱，为唐由盛而衰的转折点。①

---

① 【《新唐书·郭子仪传》】郭子仪，字子仪，华州郑人。长七尺二寸……十四载，安禄山反，诏子仪为卫尉卿、灵武郡太守，充朔方节度使，率本军东讨。子仪收静边军，斩贼将周万顷，击高秀岩河曲，败之，遂收云中、马邑，开东陉。加御史大夫。贼陷常山，河北郡县皆没。会李光弼攻贼常山，拔之，子仪引军下井陉，与光弼合，破贼史思明众数万，平憓城。南攻赵郡，禽贼四千，纵之，斩伪守郭献璆，还常山。思明以众数万尾军，及行唐，子仪选骑五百更出挑之。三日，贼引去，乘之，又破于沙河，遂趋常阳以守。禄山益出精兵佐思明。子仪曰："彼恃加兵，必易我；易我，心不固，战则克矣。"与战未决，戬一步将以徇，士殊死斗，遂破之，斩首二千级，俘五百人，获马如之。于是昼扬兵，夜捣垒，贼不得息，气益老。乃与光弼、仆固怀恩、浑释之、陈回光等击贼嘉山，斩首四万级，获人马万计。思明跳奔博陵。于是河北诸郡往往斩贼守，迎王师。方北图范阳，会哥舒翰败，天子入蜀，太子即位灵武，诏班师。子仪与光弼率步骑五万赴行在。时朝廷草昧，众单寡，军容缺然，及是国威大振。

盐商帝俑大齐

【四字鉴】

金装披发，衣锦红缯。
黄王起兵，本为百姓。

黄巢（820—884），今山东菏泽西南人，唐末农民起义领袖，出身盐商家庭。880年12月13日，黄巢兵进长安，于含元殿即皇帝位，国号"大齐"。义军浩浩荡荡，"甲骑如流，辎重塞涂，千里络绎不绝"。长安市民夹道观看，义军一再告谕市民说："黄王起兵，本为百姓，非如李氏不爱汝曹，汝曹但安居无恐。"义军将士在街道上每遇到贫民，"往往施与之"。①

---

① 【《新唐书》】唐亡，诸盗皆生于大中之朝，太宗之遗德馀泽去民也久矣，而贤臣斥死，庸懦在位，厚赋深刑，天下愁苦。方是时也，天将去唐，诸盗并出，历五姓，兵未尝少解，至宋然后天下复安。汉之亡也，天下大乱，至晋然后稍定；晋之亡也，天下大乱，至唐然后复安。治少而乱多者，古今之势，盛王业业以求治，可少忽哉！

【黄巢《不第后赋菊》】待到秋来九月八，我花开后百花杀。冲天香阵透长安，满城尽带黄金甲。

梁朱温废唐帝

天佑四年（907），朱温夺取了唐哀帝的帝位，建国号梁，改年号为开平，史称"后梁"。朱温（852—912），汉族，今安徽砀山人，最初曾参加黄巢起义军，后来降唐，建立后梁（907—923）。唐朝灭后就是五代（907—960）时期，在中原地区相继出现了定都于开封和洛阳的后梁、后唐、后晋、后汉和后周五个朝代以及割据于西蜀、江南、岭南和河东等地的十几个政权，合称五代十国。①

【四字鉴】

九零七年，朱温建梁。
唐晋汉周，五代战忙。

---

① 【《旧五代史·梁太祖本纪》】唐僖宗乾符中，关东荐饥，群贼啸聚。黄巢因之，起于曹、濮，饥民愿附者凡数万。帝乃辞崇家，与仲兄存俱入巢军，以力战屡捷，得补为队长。
【吕思勉评】梁太祖的私德，是有些缺点的，所以从前的史家，对他的批评，多不大好。然而私德只是私德，社会的情形复杂了，论人的标准，自亦随之而复杂，政治和道德、伦理，岂能并为一谈？就篡弑，也是历代英雄的公罪，岂能偏责一人？老实说：当大局阽危之际，只要能保护国家、抗御外族、拯救人民的，就是有功的政治家。当一个政治家要尽他为国为民的责任，而前代的皇室成为其障碍物时，岂能守小信而忘大义？在唐、五代之际，梁太祖确是能定乱和恤民的，而历来论者，多视为罪大恶极，甚有反偏袒后唐的，那就未免不知民族的大义了。惜乎天不假年，梁太祖篡位后仅6年而遇弑。末帝定乱自立，柔懦无能，而李克用死后，其子存勖袭位，颇有英锐之气。

【四字鉴】

免税镇贪,后周柴荣。
复苏经济,整顿军容。

周世宗惩贪吏

后周世宗柴荣(921—959),今河北省邢台市隆尧县人,954—959年在位,短短5年间,柴荣清吏治,选人才,修订刑律和历法,整顿禁军,凡事率先垂范,甚至事必躬亲,做出了许许多多超越前人、启迪后世的非凡之举。①

---

① 【旧五代史·世宗纪】(柴荣下诏)在朝文班,各举堪为令录者一人,虽姻族近亲,亦无妨嫌。授官之日,各署举主姓名,若在官贪浊不任、懦弱不理,并量事状重轻,连坐举主。
【旧五代史·世宗纪】世宗顷在仄微,尤务韬晦,及天命有属,嗣守鸿业,不日破高平之阵,逾年复秦、凤之封,江北、燕南,取之如拾芥,神武雄略,乃一代之英主也。加以留心政事,朝夕不倦,摘伏辨奸,多得其理。臣下有过,必面折之,常言太祖养成二王之恶,以致君臣之义,不保其终,故帝驾驭豪杰,失则明言,功则厚赏,文武参用,莫不服其明而怀其恩也。所以仙去之日,远近号慕。然禀性伤于太察,用刑失于太峻,及事行之后,亦多自追悔。逮至末年,渐用宽典,知用兵之频并,悯黎民之劳苦,盖有意于康济矣。而降年不永,美志不就,悲夫!

赵匡胤黄袍衣

宋太祖赵匡胤（927—976），宋朝建立者，河南洛阳人，960—976年在位。他受后周世宗器重，建战功。960年，风闻契丹和北汉联兵南下，赵匡胤统率军北上。一天晚上，赵匡胤亲信军中宣传："今皇帝幼弱，不能亲政，我们为国效力破敌，有谁知晓；不若先拥立赵匡胤为皇帝，然后再出发北征。"将士们情绪被煽动起来。第二天，赵匡胤的弟弟赵匡义（后改名光义，即宋太宗）和亲信赵普授意将士将一件事先准备好的黄袍披在假装醉酒刚醒的赵匡胤身上，拥立他为皇帝。这就是

【四字鉴】

陈桥兵变，黄袍加身。
词圣李煜，作虞美人。

"陈桥兵变"。①

李煜（937—978），南唐最后一位国君，世称南唐后主、李后主。975年，宋师攻克金陵，李煜两次进奉大批钱物，求宋缓兵，太祖答以"卧榻之侧，岂容他人鼾睡"。李煜奉表投降，南唐灭亡。李煜精书法、工绘画、通音律，诗文均有一定造诣，尤以词的成就最高。其亡国后词含意深沉，别树一帜，影响深远。代表作《虞美人》：春花秋月何时了？往事知多少。小楼昨夜又东风，故国不堪回首月明中。雕栏玉砌应犹在，只是朱颜改。问君能有几多愁？恰似一江春水向东流。

---

① 【《宋史》】七年春，北汉结契丹入寇，命出师御之。次陈桥驿，军中知星者苗训引门吏楚昭辅视日下复有一日，黑光摩荡者久之。夜五鼓，军士集驿门，宣言策点检为天子，或止之，众不听。迟明，逼寝所，太宗入白，太祖起。诸校露刃列于庭，曰："诸军无主，愿策太尉为天子。"未及对，有以黄衣加太祖身，众皆罗拜，呼万岁，即掖太祖乘马。太祖揽辔谓诸将曰："我有号令，尔能从乎？"皆下马曰："唯命。"太祖曰："太后、主上，吾皆北面事之，汝辈不得惊犯；大臣皆我比肩，不得侵凌；朝廷府库、士庶之家，不得侵掠。用令有重赏，违即孥戮汝。"诸将皆载拜，肃队以入。副都指挥使韩通谋御之，王彦升遽杀通于其第。太祖进登明德门，令甲士归营，乃退居公署。有顷，诸将拥柬范质等至，太祖见之，呜咽流涕曰："违负天地，今至于此！"质等未及对，列校罗彦瑰按剑厉声谓质等曰："我辈无主，今日须得天子。"质等相顾，计无从出，乃降阶列拜。召文武百僚，至晡，班定。翰林承旨陶谷出周恭帝禅位制书于袖中，宣徽使引太祖就庭，北面拜受已，乃掖太祖升崇元殿，服衮冕，即皇帝位。迁恭帝及符后于西宫，易其帝号曰郑王，而尊符后为周太后。

石守信兵权释

961年7月9日晚朝时,宋太祖与石守信等高级将领喝酒,酒兴正浓时,突然屏退左右,叹了一口气,苦着说:"我若不靠你们,是得不了江山的,所以心里一直念及你们的功德。但是,皇帝也难,还不如以前做节度使时快乐。我是整个夜晚都不敢安枕而卧啊!"大家惊骇地问其故。宋太祖说:"我这个皇帝位谁不想要呢?"知道话中有话,石守信连忙叩头说:"陛下何出此言,天命所定,谁敢有异心?"宋太祖说:"你们虽然无异心,但你们部下如

第三篇 | 129

【四字鉴】

得易保难，酒释兵权。
wén chén cái zhèng　jìn jūn ān quán
文臣财政，禁军安全。

果想要富贵，把黄袍加在你的身上，你即使不想当皇帝，恐怕也身不由己。"这些将领知道受到猜疑，会有杀身之祸，请宋太祖指一明路。宋太祖说："人生在世，白驹过隙，不过是想多聚金钱，多多娱乐，子孙后代不会挨饿。你们不如放弃兵权，到地方去置良田美宅，多买些歌姬，日夜饮酒相欢，以终天年；我和你们联姻，君臣无猜，上下相安，不是很好吗？"把话讲得如此明白，将领们别无他法，只能俯首听命。第二日，石守信等上表声称有病，纷纷要求解除兵权，宋太祖欣然同意。这叫"杯酒释兵权"。自始确立文人治军的军事制度，全国精兵集中于中央禁军统管，消除造成强唐灭亡的藩镇军制。①

---

① 【《宋史》】石守信而下，皆显德旧臣，太祖开怀信任，获其忠力。一日以黄袍之喻，使自解其兵柄，以保其富贵，以遗其子孙。汉光武之于功臣，岂过是哉。然守信之货殖钜万，怀德之驰逐败度，岂非亦因以自晦者邪。
【王夫之《黄书》】夫石守信、高怀德之流，非有韩、彭倔强之质也，分节旄，拥镇牙，非有齐秦百二，剖土君民之厚实也，谈笑尊豆，兵符立释，非有田承嗣、王武俊、李纳之跋扈而不可革也。使宋能优全故将，别建英贤，颠倒奔奏，星罗牙错，充实内地，树结边隅，一方溃茂，声援谷响，虽遽陵迟，取资百足。

【四字鉴】

shén zōng wáng xiàng　　yù jiě cái kùn
神宗王相，欲解财困。
biàn fǎ tú qiáng　　quán guì fèn fèn
变法图强，权贵愤愤。

　　王安石（1021—1086），字介甫，今抚州市临川区邓家巷人，北宋著名思想家。神宗在即位之初，耳闻目睹积贫积弱的困境，故即位不久，即召王安石赴京，推行变法，史称"熙宁变法"。1086年，保守派得势，新法即废除，王安石病逝于钟山，1094年获谥"文"，故世称王文公。王安石用"五行说"阐述宇宙生成，"新故相除"讲的是辩证法。散文简洁峻切，短小精悍，是"唐宋八大家之一"。①

---

① 【陆九渊《荆国王文公祠堂记》】公畴昔之学问，熙宁之事业，举不遁乎使还之书。而排公者，或谓容悦，或谓迎合，或谓变其所守，或谓乖其所学，是尚得为知公者乎……英迈特待，不屑于流俗声色利达之习，介然无毫毛得以入于其心，洁白之操，寒于冰霜，公之质也。扫俗学之凡陋，振弊法之因循，道术必为孔孟，勋绩必为伊周，公之志也。不期人之知，而声光烨奕，一时巨公名贤，为之左次，公之得此，岂偶然哉。

【《致萧子升信》】王安石，欲行其意而托于古，注《周礼》，作《字说》，其文章亦傲睨汉唐，如此可谓有专门之学者矣，而卒以败者，无通识，并不周知社会之故，而行不适之策也。

【王安石《度支副使厅壁题名记》】夫合天下之众者财，理天下之财者法，守天下之法者吏也。吏不良，则有法而莫守；法不善，则有财而莫理。

【王安石《周公》】盖君子之为政，立善法于天下，则天下治；立善法于一国，则一国治。

第三篇

契丹兴 阿保机

【四字鉴】

耶律建辽，上京称帝。
农学中原，创造文字。

辽太祖耶律阿保机（872—926），契丹族，汉名刘亿，辽朝开国君主，出生于今内蒙古阿鲁科尔沁旗。916年，阿保机建立契丹国，大力吸收汉文化，仿唐代长安，修建皇都，即后来的辽上京。参照汉族的政治模式，发展农业，统治期间，创契丹文字。①

---

① 【《辽史》】金镞一箭，二百年基业，壮矣……辽之先，出自炎帝，世为审吉国，其可知者盖自奇首云。奇首生都庵山，徙潢河之滨。传至雅里，始立制，置官属，刻木为契，穴地为牢，让阻午而不肯自立。雅里生毗牒。毗牒生颏领。颏领生耨里思，大度寡欲，令不严而人化，是为肃祖。肃祖生萨剌德，尝与黄室韦挑战，矢贯数札，是为懿祖。懿祖生匀德实，始教民稼穑，善畜牧，国以殷富，是为玄祖。玄祖生撒剌的，仁民爱物，始置铁冶，教民鼓铸，是为德祖，即太祖之父也，世为契丹遥辇氏之离董，执其政柄。德祖之弟述澜，北征于厥、室韦，南略易、定、奚、霫，始兴板筑，置城邑，教民种桑麻，习织组，已有广土众民之志。而太祖受可汗之禅，遂建国。东征西讨，如折枯拉朽。东自海，西至于流沙，北绝大漠，信威万里，历年二百，岂一日之故哉！周公诛管、蔡，人未有能非之者。剌葛、安端之乱，太祖既贷其死而复用之，非人君之度乎？旧史扶馀之变，亦异矣夫！

石敬瑭

石敬瑭（892—942），五代时期后晋开国皇帝，936—942年在位。936年，石敬瑭起兵造反李从珂，后唐军兵围太原，石敬瑭割让燕云十六州献给契丹，并甘做"儿皇帝"，随后，石敬瑭灭后唐，定都汴梁，国号"晋"。①

【四字鉴】

hòu jìn huāng táng　　yuàn zuò ér huáng
后晋荒唐，愿做儿皇。
yún yōu shí liù　　xiào jìng dé guāng
云幽十六，孝敬德光。

---

① 【蔡东藩《五代史演义》】惟石敬瑭乞怜外族，恬不知羞，同一称臣，何如不反，既已为帝，奈何受封，虽为唐廷所迫，不能不倒行逆施，然名节攸关，岂宜轻黩！

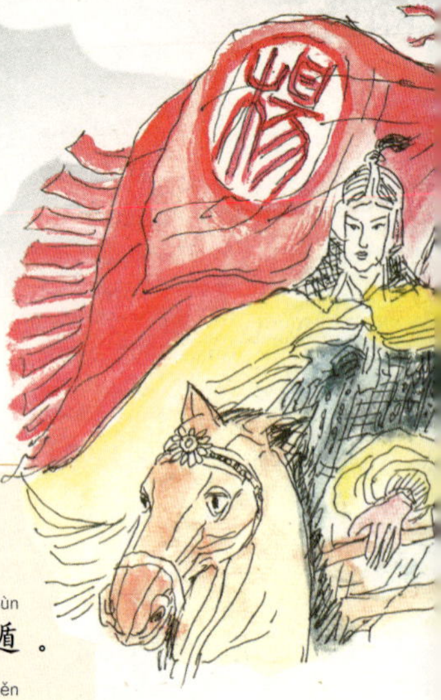

杨家将杨无敌

【四字鉴】

wēi zhèn wú dí，wàng qí ér dùn。
威震无敌，望旗而遁。

bào guó bù qū，yáng jiā zhōng běn。
报国不屈，杨家忠本。

杨业（约932—986），又名杨继业，今山西太原人，北宋名将。屡立战功，被称"杨无敌"。980年，杨业在雁门关大破辽军，威震契丹。986年北伐，与监军王侁不和，出征中伏，孤立无援，在陈家谷力战被擒，为表忠心，不食而死。其事迹后被演为"杨家将"故事。①

---

① 【《宋史》】业不知书，忠烈武勇，有智谋。练习攻战，与士卒同甘苦。代北苦寒，人多服毡罽，业但挟纩露坐治军事，傍不设火，侍者殆僵仆，而业怡然无寒色。为政简易，御下有恩，故士卒乐为之用。朔州之败，麾下尚百余人，业谓曰："汝等各有父母妻子，与我俱死，无益也，可走还，报天子。"众皆感泣不肯去。淄州刺史王贵杀数十人，矢尽遂死，余亦死，无一生还者。闻者皆流涕。业既没，朝廷录其子供奉官延朗为崇仪副使，次子殿直延浦、延训并为供奉官，延瓌、延贵、延彬并为殿直。

【四字鉴】

皇帝亲征，澶渊之盟。
宋胜如败，送辽岁银。

寇准战鼓士气

寇准（961—1023），北宋人，今陕西渭南人。1004年出任宰相（同平章事）。冬，契丹南下犯宋，朝野震惊；寇准反对南迁，力主真宗亲征，士气大增，辽军先锋被杀，动摇了敌军心，契丹提出议和，寇准反对，但宋真宗没有抗敌的决心，1005年1月，宋辽双方在澶州订立"澶渊之盟"，规定宋每年送给辽岁币银10万两、绢20万匹。

吕端（935—1000），北宋大臣。《宋史·吕端传》："太宗欲相端。或曰：'端为人糊涂。'太宗曰：'端小事糊涂，大事不糊涂。'决意相之。"吕端主动把相位让给了寇准，自己做了参知政事，有职无权。后寇准也做参知政事，吕端奏明圣上，把自己名字列在寇准之后。

夏元昊 懂漢语

【四字鉴】

一零三八，元昊夏皇。
yī líng sān bā， yuán hào xià huáng

与战民怨，议和通商。
yǔ zhàn mín yuàn， yì hé tōng shāng

李元昊（1003—1048），拓跋氏，党项族，1038年建立西夏，祖籍今陕西榆林米脂县。元昊曾向宋朝发动了多次进攻，连年战争使夏国民穷财尽，人怨沸腾。后元昊以"夏国主"的名义向宋称臣。宋朝用每年25.5万银、绢、茶赐夏国，允许恢复榷场，商品买卖。元昊精通汉语，统治期间创立西夏文字。①

---

① 【《西夏书事》】襄霄智足以创物先，才足以驭群策。衣冠礼乐之变，官法文字之奇，更祖宗成规，蔑中朝建制，人言可恤，彼恶知之。而其用兵，则严赏罚，集众长，攻少坚城，战无猝败。倘生乱世，刘元海、石世龙当其亚也。迹其英雄自喜，霸王由吾，妄膺宝箓，显盗鸿名，肆兵力以胁诸蕃，逞狡谋而欺中国，羌戎残孽，斯为甚乎！然而政尚刑诛，性耽淫泆，戮叛威则弒其母，逞逆谋则杀其叔，贪好色则辱其臣之妻、夺其子之妇，三纲沦矣，国何以立？况又穷奢极欲，劳役无时，众怨方兴，子祸旋作。

阿骨打金皇帝

【四字鉴】

shàng jīng chēng dì　　wán yán jiàn jīn
上 京 称 帝，　完 颜 建 金。

lián sòng miè liáo　　hòu bīng nán qīn
联 宋 灭 辽，　后 兵 南 侵。

　　完颜阿骨打（1068—1123），汉名完颜旻，女真族，今黑龙江省哈尔滨东南阿什河人。金朝开国皇帝。1115—1123年在位。完成了建国、破辽两件大事。1122年12月，金太祖阿骨打率部向辽燕京进发。这时，宋军自燕京南路配合攻辽，金兵大胜。金太祖入燕京城，接受官员们的朝贺。①

---

① 【《金史》】太祖英谟睿略，豁达大度，知人善任，人乐为用。世祖阴有取辽之志，是以兄弟相授，传及康宗，遂及太祖。临终以太祖属穆宗，其素志盖如是也。初定东京，即除去辽法，减省租税，用本国制度。辽主播越，宋纳岁币，以幽、蓟、武、朔等州与宋，而置南京于平州。宋人终不能守燕、代，卒之辽主见获，宋主被执。虽功成于天会间，而规摹运为实自此始。金有天下百十有九年，太祖数年之间算无遗策，兵无留行，底定大业，传之子孙。呜呼，雄哉！

第三篇 | 137

徽钦宗靖康耻

【四字鉴】

赵构南宋，苟安临安。
忌战主和，称臣散关。

宋徽宗赵佶（1082—1135），宋朝第八位皇帝，1100—1126年在位。他自创的书法字体被称为"瘦金书"。宋钦宗赵桓，北宋徽宗长子，宣和七年（1125）至靖康二年（1127）在位。靖康二年4月，金军攻破东京（今开封），俘虏了宋徽宗、宋钦宗父子及大量赵氏皇族，后宫妃嫔与贵卿、朝臣等三千余人，押解北上，东京城中公私积蓄为之一空。靖康之耻导致北宋灭亡，岳飞作词《满江红》："靖康耻，犹未雪。臣子恨，何时灭！"①

---

① 【《宋史》】迹徽宗失国之由，非若晋惠之愚、孙皓之暴，亦非有曹、马之篡夺，特恃其私智小慧，用心一偏，疏斥正士，狎近奸谀。于是蔡京以猥薄巧佞之资，济其骄奢淫佚之志。溺信虚无，崇饰游观，困竭民力。君臣逸豫，相为诞谩，怠弃国政，日行无稽。及童贯用事，又佳兵勤远，稔祸速乱。他日国破身辱，遂与石晋重贰同科，岂得诿诸数哉？昔周周新造之邦，召公犹告武王以不作无益害有益，不贵异物贱用物，况宣、政之为宋，承熙、丰、绍圣极丧之馀，而徽宗又躬蹈二事之弊乎？自古人君玩物而丧志，纵欲而败度，鲜不亡者，徽宗甚焉，故特著以为戒。

【《宋史》】宋徽宗诸事皆能，独不能为君耳！

【《书史会要》】徽宗行草正书，笔势劲逸，初学薛稷，变其法度，自号"瘦金书"，意度天成，非可以形迹求也。

撑南宋偏安绪

【四字鉴】

沉迷书画，反了方腊。
金俘父子，靖康耻大。

宋高宗赵构（1107—1187），南宋第一个皇帝，1127—1162年在位。绍兴二年（1132），高宗迁都杭州（临安府）。1141年11月，宋与金于书面达成《绍兴和议》，两国以淮水—大散关为界。宋割让从前被岳飞收复的唐州、邓州以及商州、秦州的大半，每年向金进贡银25万两，绢25万匹。①

---

① 【朱瑞熙评】宋高宗在对金关系上，他坚持与金议和，不惜纳贡称臣、杀害岳飞父子，因此是十足的投降派首领。但他有时也曾指挥、组织过宋军抗击入侵的金军。加之他一直沿用宋朝的国号和正朔，所以他还没有达到完全"卖国"的程度，不能称之为"卖国贼"。同时，他在内政建设上，经过不断努力，解决了农民暴动、兵变、游寇等棘手的问题，稳定了政局，从而保证宋朝的统治得以延续，因此他还是南宋的"中兴之主"。总之，他所处的特定环境，决定他是一位功、过参半的皇帝，不能把他完全否定。

【宋陈《论执要之道》】臣愿陛下操其要于上，而分其详于下。

【南宋提刑何坦《西畴老人常言》】故祸几始作，当杜其萌；疾证方形，当绝其根。讳乱而不早治者，危其国；讳病而不亟疗者，亡其身。

【南宋吕祖谦《东莱博议》】天下之势不盛则衰，天下之治不进则退。

【宋代元好问《临汾李氏任运堂二首》】人生天地间，长路有险夷。

【四字鉴】

wù shù xiōng xiōng　　tiān dàng yù zhōng
兀术汹汹，天荡遇忠。
fū rén léi gǔ　　hán shuài jiàn gōng
夫人擂鼓，韩帅建功。

　　韩世忠（1090—1151），陕西省绥德县人，与岳飞、张俊、刘光世合称"中兴四将"。韩世忠仅用八千军队，围困完颜宗弼（兀术）十万金兵于黄天荡，战四十八天，歼敌万余。时韩世宗夫人梁红玉亲自擂鼓助阵，士气大增。①

---

① 【《宋史·韩世忠传》】古人有言："天下安，注意相；天下危，注意将。"宋靖康、建炎之际，天下安危之机也，勇略忠义如韩世忠而为将，是天以资宋之兴复也。方兀术渡江，惟世忠与之对阵，以闲暇示之。及刘豫废，中原人心动摇，世忠请乘时进兵，此机何可失也？高宗惟奸桧之言是听，使世忠不得尽展其才，和议成而宋事去矣。暮年退居行都，口不言兵，部曲旧将，不与相见，盖惩岳飞之事也。昔汉文帝思颇、牧于前代，宋有世忠而不善用，惜哉！

【四字鉴】

岳母刺字，岳帅精忠。
郾城大捷，遗满江红。

  岳飞（1103—1142），字鹏举，南宋抗金名将。郾城之战是宋金双方精锐部队之间的一次决战。南宋绍兴十年、金天眷三年（1140），岳家军以"拐子马"破金兵"铁浮图"，完颜兀术十万大军兵败如山倒，宋军以少胜多，给金军以沉重打击，取得"郾城大捷"。1142年1月，岳飞以"莫须有"的"谋反"罪名被杀害，葬于西湖畔栖霞岭。①

---

① 【《宋史·岳飞传》】西汉而下，若韩、彭、绛、灌之为将，代不乏人，求其文武全器、仁智并施如宋岳飞者，一代岂多见哉。史称关云长通《春秋左氏》学，然未尝见其文章。飞北伐，军至汴梁之朱仙镇，有诏班师，飞自为表答诏，忠义之言，流出肺腑，真有诸葛孔明之风，而卒死于秦桧之手。盖飞与桧势不两立，使飞得志，则金仇可复，宋耻可雪；桧得志，则飞有死而已。昔刘宋杀檀道济，道济下狱，嗔目曰："自坏汝万里长城！"高宗忍自弃其中原，故忍杀飞，呜呼冤哉！呜呼冤哉！
【文天祥评岳飞书法】岳先生，我宋之吕尚也。建功树绩，载在史册，千百世后，如见其生。至于笔法，若云鹤游天，群鸿戏海，尤足见干城之选，而兼文学之长，当吾世谁能及之。
【岳飞《满江红》】怒发冲冠，凭阑处、潇潇雨歇。抬望眼，仰天长啸，壮怀激烈。三十功名尘与土，八千里路云和月。莫等闲、白了少年头，空悲切。靖康耻，犹未雪。臣子恨，何时灭。驾长车，踏破贺兰山缺。壮志饥餐胡虏肉，笑谈渴饮匈奴血。待从头、收拾旧山河，朝天阙。

秦桧跪杭州西

【四字鉴】

揣摩圣意，诬陷莫须。
像铸西湖，千年跪飞。

　　秦桧（1090—1155），今江苏南京人，以"莫须有"罪陷杀岳飞，遭后世唾骂。岳飞墓，位于浙江省杭州市栖霞岭南麓。墓门下边有四个铁铸的人像，反剪双手，面墓而跪，即陷害岳飞的秦桧、王氏、张俊、万俟卨四人。有联"青山有幸埋忠骨，白铁无辜铸佞臣"。①

---

① 【梁启超评】其下者，则巧言令色，献媚人主，窃弄国柄，荼毒生民，如秦之赵高，汉之十常侍，唐之卢杞、李林甫，宋之蔡京、秦桧、韩侂胄，明之刘瑾、魏忠贤，穿窬斗筲，无足比数。

铁木真成吉思

【四字鉴】

英(yīng)雄(xióng)射(shè)雕(diāo)，蒙(měng)古(gǔ)草(cǎo)原(yuán)。
铁(tiě)木(mù)真(zhēn)称(chēng)，成(chéng)吉(jí)思(sī)汗(hán)。

孛儿只斤·铁木真（1162—1227），蒙古帝国可汗，尊号"成吉思汗"，意为"拥有海洋四方"。铁木真统一蒙古草原，1206年春天建立大蒙古国，颁布了《成吉思汗法典》。

忽必烈元统一

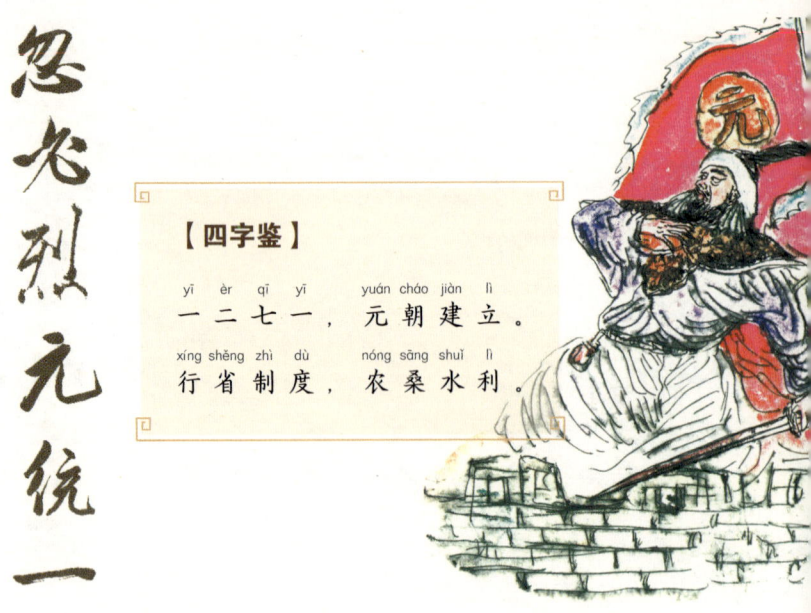

【四字鉴】

一二七一，元朝建立。
行省制度，农桑水利。

元世祖忽必烈（1215—1294），成吉思汗之孙，1271年正式建立元朝，1260—1294年在位。行省制是蒙古族统治者在中原地区行政区划和政治制度方面留给后世的一份重要遗产。忽必烈统治期间在地方上建立行省，中央设中书省，为中国省制之始。主张改革弊政，减赋税差役，劝农桑，兴学校等。①

---

① 【《元史》】世祖度量弘广，知人善任使，信用儒术，用能以夏变夷，立经陈纪，所以为一代之制者，规模宏远矣。
【柯劭忞《新元史》】蒙古之兴，无异于匈奴、突厥。至世祖独崇儒向学，召姚枢、许衡、窦默等敷陈仁义道德之说，岂非所谓书生之虚论者哉？然践阼之后，混壹南北，纪纲法度灿然明备，致治之隆，庶几贞观。由此言之，时儿今古，治无夷夏，未有舍先王之道，而能保世长民者也。至于日本之役，弃师十万犹图再举；阿合马已败，复用桑哥；以世祖之仁明，而吝于改过。如此，不能不为之叹息焉。

文天祥（1236—1283），自号文山，南宋吉州庐陵（今江西吉安市）人。文天祥与陆秀夫、张世杰被称为"宋末三杰"。著有《过零丁洋》《文山诗集》《指南录》《指南录后序》《正气歌》等。①

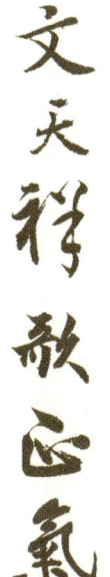

【四字鉴】

wén xiàng kàng yuán　　lǐng nán zhāo bīng
文　相　抗　元，岭　南　招　兵。
sòng zhèng qì gē　　yín zhào hàn qīng
颂　正　气　歌，吟　照　汗　青。

① 【《宋史》】至元十四年正月，大元兵入汀州，天祥遂移漳州，乞入卫。时赏、孟溁亦提兵归，独浚兵不至。未几，浚降，来说天祥。天祥缚浚，缢杀之。四月，入梅州，都统王福、钱汉英跋扈，斩以徇。五月，出江西，入会昌。
【《淮南子》】"正身直行，众邪身息。""胜非其难也，持之者其难也。"
【宋仪望评文天祥】公之忠大矣，海隅荒服闻其名犹知敬慕，况过化之区乎！孺子懦夫一及当时事怒发竖指，涕洟沾襟，况冠裳之儒乎！
【文天祥《过零丁洋》】人生自古谁无死？留取丹心照汗青。
【文天祥《正气歌》】时穷节乃见，一一垂丹青。在齐太史简，在晋董狐笔。在秦张良椎，在汉苏武节。为严将军头，为嵇侍中血。为张睢阳齿，为颜常山舌。或为辽东帽，清操厉冰雪。或为出师表，鬼神泣壮烈。或为渡江楫，慷慨吞胡羯。或为击贼笏，逆竖头破裂。是气所磅礴，凛烈万古存。
【元代范梈《王氏能远楼》】人生万事须自为，跬步江山即寥廓。

【四字鉴】

hǎi nán liú làng　　jīng kān mián fǎng
海 南 流 浪，精 堪 棉 纺。
huáng dào pó míng　　yuán zhī xiǎng liàng
黄 道 婆 名，元 织 响 亮。

黄道婆棉纺织

黄道婆（1245—1330），元代棉纺织家，宋末元初知名棉纺织家，被尊为布业的始祖。①

---

① 【宋方勺《泊宅编》】闽广多种木绵，纺绩为布，名曰"吉贝"。松江府东去五十里许，曰乌泥泾。其地土田硗瘠，民食不给，因谋树艺，以资生业，遂觅种于彼。初无踏车椎弓之制，率用手剖去子，线弦竹弧置按间，振掉成剂，厥功甚艰。国初时，有一姬名黄道婆者，自崖州来，乃教以做造捍弹纺织之具；至于错纱配色，综线挈花，各有其法。以故织成被褥带帨，其上折枝团凤棋局字样，粲然若写。人既受教，竞相作为；转货他郡，家既就殷。未几，姬卒，莫不感恩洒泣而共葬之；又为立祠，岁时享之，越三十年，祠毁，乡人赵愚轩重立。今词复毁，无人为之创建。道婆之名，日渐泯灭无闻矣。

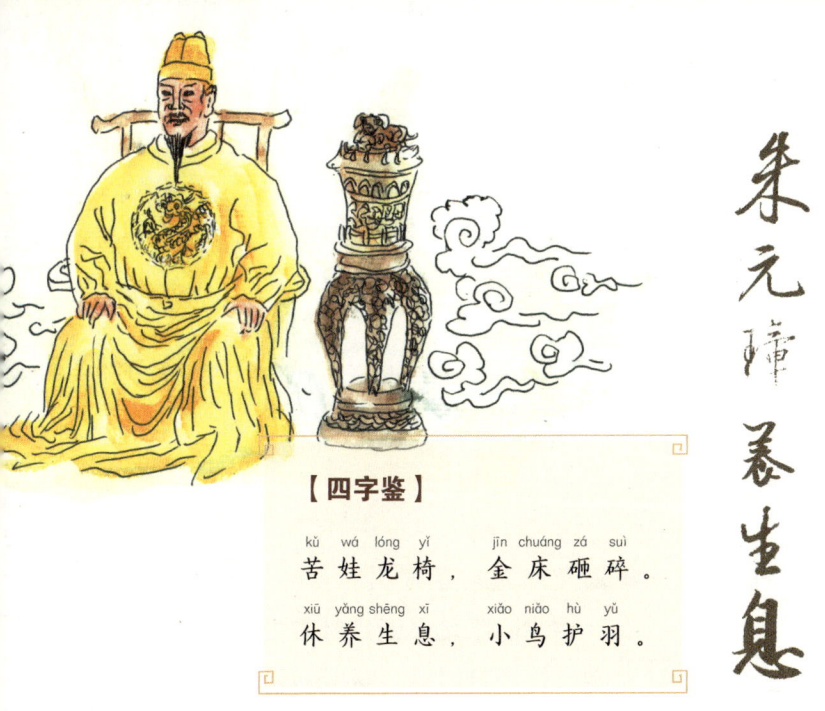

【四字鉴】

kǔ wá lóng yǐ　　jīn chuáng zá suì
苦娃龙椅，金床砸碎。

xiū yǎng shēng xī　　xiǎo niǎo hù yǔ
休养生息，小鸟护羽。

明太祖朱元璋（1328—1398），濠州钟离（今安徽凤阳）人，明朝开国皇帝，年号洪武。朱元璋在位期间推行休养生息的政策，下令农民归耕，奖励垦荒，移民屯田，兴修水利，种植桑麻，解放奴婢，减免税负，抑制豪强，严惩贪官。①

---

① 【宋濂《谕中原檄》】当此之时，天运循环，中原气盛，亿兆之中，当降生圣人，驱除胡虏，恢复中华，立纲陈纪，救济斯民。今一纪于兹，未闻有治世安民者，徒使尔等战战兢兢，处于朝秦暮楚之地，诚可矜闵。
【谷应泰《明史纪事本末》】洪武元年春正月乙亥，祀天地于南郊，即皇帝位。定有天下之号曰明，建元洪武……天下初定，百姓财力俱困，譬犹初飞之鸟，不可拔其羽；新植之木，不可摇其根，要在安生息之而已。唯廉者能约己而利人，贪者必损国而厚己。有才敏者，或尼于私，善柔者，或昧于欲，此皆不廉政之也，尔等当深戒之。
【学者言】自古能君无出李世民之右者，其次则朱元璋耳。朱元璋是农民起义领袖，是应该肯定的，应该写得好一点，不要写得那么坏（指朱元璋的晚年）。朱洪武是个放牛娃出身，人倒也不蠢，他有个谋士叫朱升，很有见识，朱洪武听了朱升的话"广积粮，高筑墙，缓称王"，最终取得了民心，得了天下。

【四字鉴】

jūn zhèng jí quán　　zhí fǎ wēi yán
军 政 集 权，执 法 威 严。
fù mǎ zhèng fǎ　　gōng chén bèi kǎn
驸 马 正 法，功 臣 被 砍。

倫正法王處死

朱元璋为阻止官员私贩茶叶颁布了《茶马法》，驸马欧阳伦私贩茶叶被处死。洪武十八年（1385），兵部侍郎王志把征兵之机当作生财之道，接受逃避服兵役的世袭军户所送贿银达23万两，朱元璋把他杀了。①

---

① 【《明史》】惩元政废弛，治尚严峻。而能礼致耆儒，考礼定乐，昭揭经义，尊崇正学，加恩胜国，澄清吏治，修人纪，崇凤都，正后宫名义，内治肃清，禁宫竖不得干政，五府六部官职相维，置卫屯田，兵食俱足。武定祸乱，文致太平，太祖实身兼之。至于雅尚志节，听蔡子英北归。晚岁忧民益切，尝以一岁开支河暨塘堰数万以利农桑、备旱潦。
【商传评】其实我们还真不知道海瑞是从哪里知道朱元璋这样处置贪官的。历史上朱元璋对贪官们确实实行过"法外之法"，就是不按照法律的规定加重处理，可是并没见到过"剥皮实草"的记述。当然，不"剥皮实草"，也不是说朱元璋处理贪官不严。当时的官员就算是贪污得不多，也会被处死：比如建昌县知县，接受四百贯钞，凌迟处死；开州知州贪赃害民，地方耆老百姓赴京告发他，他让手下在途中将告状的百姓抓回去关押致死，事发，被处以枭令示众（就是斩首示众）；德安县县丞，收受下面里长送的罗、绢、布共十四，钞八十贯，知府前往抓他，他居然还拿一把铁叉拒捕，被凌迟处死；莱阳县丞收赃一百贯，凌迟处死。

宋濂宴锦衣卫

明初，明太祖朱元璋裁撤中书省和丞相，以六部分理全国政务，直接对皇帝负责，并设立了锦衣卫。明成祖时又设立了东厂，以监视官员百姓。明朝从朱元璋开始还实施"廷杖"制度，使君臣关系沦为主仆关系。①

【四字鉴】

míng cháo tè wù，jǐn yī wèi fú
明 朝 特 务， 锦 衣 卫 伏。

sòng lián yàn xí，yuán zhāng shì tú
宋 濂 宴 席， 元 璋 示 图。

---

① 【《明史·舆服志》】宦官在帝左右必蟒服……绣蟒于左右，系以鸾带……次则飞鱼……单蟒面皆斜向，坐蟒则正向，尤贵。又有膝襕者，亦如曳撒，上有蟒补，当膝处横织细云蟒，盖南郊及山陵扈从，便于乘马也。或召对燕见，君臣皆不用袍而用此。第蟒有五爪四爪之分，襕有红、黄之别耳。

【《明史·宋濂传》】(宋濂)尝与客饮，帝密使人侦视。翌日，问濂所饮酒否，坐客为谁，馔何物。濂具以实对，笑曰"诚然，卿不欺朕。"

第三篇 149

明成祖靖难役

朱棣（1360—1424）发动靖难之役，起兵攻打建文帝，1402年在南京称帝，年号永乐，即明成祖，1421年迁都北京。明成祖命人编修《永乐大典》。①

北京是中国古都，元、明、清三朝在此建都。北京城由外向内为京城、皇城和宫城。北京宫城旧称紫禁城（故宫），位于北京城中心，是明清皇帝居住的地方。是我国现存规模最大、最完整的古建筑群，1987年被评为世界文化遗产。

【四字鉴】

jìng nán zhī yì　　yān wáng qǐ bīng
靖　难　之　役，燕　王　起　兵。
zhū dì qiān dū　　yǒng lè běi jīng
朱　棣　迁　都，永　乐　北　京。

① 【《明史·成祖本纪》】文皇少长习兵，据幽燕形胜之地，乘建文孱弱，长驱内向，奄有四海。即位以后，躬行节俭，水旱朝告夕振，无有壅蔽。知人善任，表里洞达，雄武之略，同符高祖。六师屡出，漠北尘清。至其季年，威德遐被，四方宾服，明命而入贡者殆三十国。幅陨之广，远迈汉、唐。成功骏烈，卓乎盛矣。然而革除之际，倒行逆施，惭德亦曷可掩哉。
【梁启超评朱棣】明成祖以雄才大略，承高帝之后，天下初定，国力大充，乃思扬威德于域外，此其与汉武、唐太宗之时代正相类。明成祖既北定鞑靼，耀兵于乌梁海以西，西辟乌斯藏，以法号羁縻其首，南戡越南，夷为郡县。陆运之盛，几追汉唐，乃更进而树威于新国。郑和之业，其主动者，实绝世英主明成祖其人也。
【《明太宗实录》卷二十三】如得斯民小康，朕之愿也。

三杨阁仁宣治

明代仁宗、宣宗统治时期（1425—1435）的国策由严猛而趋向平稳。内阁制度得以发展、完善，阁臣官阶由正五品提高到正三品，重用杨士奇、杨荣、杨溥等正派官员，"仁宣之间，政在三杨"。比较严格地控制宦官。平服皇室"高煦之叛"。推行栽种桑枣旧令、蠲免逋赋等一些有利于发展生产措施，改革科举取士法，国家较安定，社会经济进一步发展。史称"仁宣之治"。

明前期的长城工程主要是在北魏、北齐、隋长城的基础上修建的。宣宗宣德元年及三年（1426及

【四字鉴】

zhèng dé qí píng　yǔ mín tóng lì
政 得 其 平，与 民 同 利。
guǎng kāi yán lù　xīng xiū shuǐ lì
广 开 言 路，兴 修 水 利。

1428）修筑了从山海关到居庸关的沿边险隘及居庸关城。明长城东起鸭绿江西到嘉峪关，是中华民族聪明智慧、艰苦勤奋、坚韧刚毅和充满向心凝聚力的精神象征。明长城现存墙壕5209段，单体建筑17449座，关、堡1272座，相关遗存142处，总长度为8851.8千米。①

---

① 【《明史》】仁宣之治吏称其职，政得其平，纲纪修明，仓庾充美，闾阎乐业，岁不能灾。盖明兴至是历年六十，民气渐舒，蒸然有治平之象矣。
【《明会要》】峻垣深壕，烽堠相接……各处烟墩务增筑高厚，上贮五月粮及柴薪药弩，墩旁开井……自长安岭（今宣化境内）迤西，至洗马林（今山西天镇），皆筑石垣，深壕堑。
【张居正《论时政疏》】天地生财，自有定数，取之有制，用之有节，则裕；取之无制，用之不节，则乏。
【张居正《请稽查章奏随事考成以修实政疏》】天下之事，不难于立法，而难于法之必行。
【明·吕坤《呻吟语》】自天子以至于庶人，来有无所畏而不亡者也。天子者，上畏天，下畏民，畏言官于一时，畏史官于后世。百官畏君，群吏畏长吏，百姓畏上，君子畏公议，小人畏刑，子弟畏父兄，卑幼畏家长。畏则不敢肆而德以成，无畏则从其所欲而及于祸。

俺答汉建互市

【四字鉴】

呼和浩特，俺答三娘。
蒙古鞑靼，互市明商。

俺答汗（1507—1582），阿拉坦是其名字，意思为"金子"。16世纪后期蒙古土默特部重要首领，孛儿只斤氏，成吉思汗黄金家族后裔，达延汗孙。阿勒坦汗，又译作"阿拉坦汗""俺答汗"。①

---

① 【《明史》】俺答雅欲侵瓦剌，乃假迎活佛名，拥众西行。疏请授丙兔都督，赐金印，且开茶市。部议不许，但稍给以茶。俺答既抵瓦剌，战败而还。乃移书甘肃守臣，乞假道赴乌斯藏。守臣不能拒，遂越甘肃而南，会诸酋于海上。

后金努剑八旗

清太祖爱新觉罗·努尔哈赤（1559—1626），1616年创建后金。明万历二十九年（1601），努尔哈赤整顿编制，分别以牛录额真、甲喇额真、固山额真为首领。初置黄、白、红、蓝4色旗，编成四旗。万历四十三年（1615）增设镶黄、镶白、镶红、镶蓝4旗，八旗之制确立。满洲（女真）社会实行八旗制度，丁壮战时皆兵，平时皆民，使其军队具有极强的战斗力。努尔哈赤遂于天命年间始设蒙古旗，至皇太极天聪九年（1635）编成蒙古八旗。皇太极于天聪五年（1631）先编一汉军旗，至崇德七年（1642）完成汉军八旗的编制。合称八旗，统率八旗满洲、八旗蒙古、八旗汉军，至此八旗的制度臻于完善。①

【四字鉴】

jīn zhèn nǚ zhēn　　bā qí bīng zhèng
金 振 女 真，八 旗 兵 正。
nǔ ěr hā chì　　sà ěr hǔ shèng
努 尔 哈 赤，萨 尔 浒 胜。

---

① 【《清史稿》】太祖天锡智勇，神武绝伦。蒙难艰贞，明夷用晦。迨归附日众，阻贰潜消。自摧九部之师，境宇日拓。用兵三十余年，建国践阼。萨尔浒一役，翦商业定。迁都沈阳，规模远矣。比于岐、丰，无多让焉。

明郑和航七次

郑和（1371—1433），明朝太监，原姓马，名和，小名三宝，今云南晋宁昆阳人。明朝时期把今文莱以西的东南亚和印度洋沿岸地区叫作西洋。加强和海外各国友好往来和宣扬国威，明成祖时派郑和出使西洋。1405—1433年，郑和船队从刘家港出发，先后七次下西洋，访问亚非30多个国家和地区，最远到达非洲东海岸和红海沿岸，并越过了赤道。郑和下

【四字鉴】

máng máng xī yáng　　zhuàng jǔ qī háng
茫　茫　西　洋，　壮　举　七　航。
xiǎn zhōng huá shèng　　qiàn dōng xī shāng
显　中　华　盛，　欠　东　西　商。

西洋是世界航海史上的壮举;增强了中国的声望,加强同西洋各国的往来和交流;给明朝政府带来了沉重的经济负担。①

---

① 【《长乐县志》】太平港在县西半里许,旧名马江。明永乐间,太监郑和通西洋,造巨船于此,奏改太平港。
　　【《明仁宗实录》】下西洋诸国宝船悉皆停止。如已在福建太仓等处安泊者俱回南京,将带去货物仍于内府该库交收。诸番国有进贡使臣当回去者,只量拨人船护送前去。原差去内外官员速皆回京,民梢人等各发宁家……各处修造下番海船悉皆停止……买办下番一应对象并铸造铜钱,买办麝香、生铜、荒丝等物,除见买在官者于所在官交收,其未免者悉皆停止。
　　【毛佩琪评】郑和下西洋是基于朱棣整体的政治目的,下西洋并非是孤立的事件,七下西洋是朱棣对治理明帝国政治理想的体现,这是一种国家力量的显示。
　　【李约瑟《中国科学技术史》】在15世纪上半叶,在地球的东方,从波涛万顷的中国海面,知道非洲东海岸的辽阔海域,呈现出一幅中国人在海上称雄的图景。

【四字鉴】

wō kòu chāng kuáng　　jī nù jì guāng
倭寇猖狂，激怒继光。
jiǔ zhàn jiǔ jié　　qī jūn wēi yáng
九战九捷，戚军威扬。

戚继光（1528—1588），定远人，字符敬，明朝抗倭名将。元末明初，日本海盗、武士勾结不法商人，结成"倭寇"。明政府派戚继光平息东南沿海的倭患，号称"戚家军"，在台州大败倭寇，到1566年，东南沿海的倭寇基本肃清。戚继光言："封侯非我意，但愿海波平。"①

戚继光倭寇惧

---

① 【《明史·戚继光传》】继光至浙时，见卫所军不习战，而金华、义乌俗称慓悍，请召募三千人，教以击刺法，长短兵迭用，由是继光一军特精。又以南方多薮泽，不利驰逐，乃因地形制阵法，审步伐便利，一切战舰、火器、兵械精求而更置之。"戚家军"名闻天下……闽中连告急，宗宪复檄继光剿之。先击横屿贼。人持草一束，填壕进。大破其巢，斩首二千六百。乘胜至福清，捣败牛田贼，覆其巢，余贼走兴化。急追之，夜四鼓抵贼栅。连克六十营，斩首千数百级。
【《明史·戚继光传》】寻与大猷击走吴平于南澳，遂击平余孽之未下者。
【《明史·俞大猷传》】潮州倭二万与大盗吴平相掎角……大猷将水兵，继光将陆兵，夹击平南澳，大破之。平仅以身免，奔据饶平凤凰山。

崇祯位自成取

【四字鉴】

shēng dì wáng jiā　　gōng zhǔ lèi shā
生　帝　王　家，　公　主　泪　杀。
jǐng shān zhī shù　　wáng guó jūn guà
景　山　之　树，　亡　国　君　挂。

明朝最后一任皇帝明思宗朱由检（1611—1644），1627—1644年在位，年号崇祯。1644年，李自成军攻破北京后，崇祯帝于煤山自缢身亡。①

① 【《明史》】（崇祯帝吊死前于蓝色袍服上大书）朕自登基十七年，虽朕薄德匪躬，上干天怒，然皆诸臣误朕，致逆贼直逼京师。朕死，无面目见祖宗于地下，自去冠冕，以发覆面。任贼分裂朕尸，勿伤百姓一人。
【郭沫若《甲申三百年祭》】崇祯皇帝"多疑而任察，好刚而尚气"，为政"刻薄寡恩"，"急剧失措"；"对于军国大事的处理，枢要人物的升降，时常是朝四暮三，轻信妄断"；看上去尽管像是想要有所作为的"明君"，会做些表面的仁义功夫，实际上却是"十分'汲汲'的'要誉'专家"，对种种积弊并不真心设法去解决。

【四字鉴】

重汉军师，关外雄心。
间杀崇焕，收察一尘。

爱新觉罗·皇太极（1592—1643），即清太宗，清朝开国皇帝。施反间计除掉了明蓟辽督师袁崇焕。洪承畴松锦之战战败后被俘虏，绝食数日，拒不肯降。皇太极派人前去劝降，均被大骂而回。范文程前去劝降，洪承畴大肆咆哮，范文程百般忍耐，不提招降之事，只谈古论今，悄悄地察言观色。梁上落下来一块灰尘，掉在洪承畴的衣服上，洪承畴"屡拂拭之"。范文程认为一定可以劝降他，以是皇太极对洪承畴备加关照，恩遇礼厚。后洪承畴果然与祖大寿等在皇太极面前俯首称臣。①

---

① 《清史稿》太宗应天兴国弘德彰武温仁圣睿孝敬敏昭定隆道显功文皇帝，讳皇太极，太祖第八子，母孝慈高皇后。上仪表奇伟，聪睿绝伦，颜如渥丹，严寒不栗。长益神勇，善骑射，性耽典籍，谙览弗倦，仁孝宽惠，廓然有大度。

引清入吴三桂

吴三桂（1612—1678），明朝辽东人，1644年降清，引清军入关，被封为平西王。1661年杀南明永历帝，1673年叛清，发动三藩之乱。①

【四字鉴】

<ruby>一<rt>yí</rt></ruby><ruby>怒<rt>nù</rt></ruby><ruby>圆<rt>yuán</rt></ruby><ruby>圆<rt>yuán</rt></ruby>，<ruby>引<rt>yǐn</rt></ruby><ruby>满<rt>mǎn</rt></ruby><ruby>入<rt>rù</rt></ruby><ruby>关<rt>guān</rt></ruby>。
<ruby>西<rt>xī</rt></ruby><ruby>南<rt>nán</rt></ruby><ruby>兵<rt>bīng</rt></ruby><ruby>反<rt>fǎn</rt></ruby>，<ruby>葬<rt>zàng</rt></ruby><ruby>身<rt>shēn</rt></ruby><ruby>无<rt>wú</rt></ruby><ruby>安<rt>ān</rt></ruby>。

---

① 【《清史稿》】顺治元年，李自成自西安东犯，太原、宁武、大同皆陷，又分兵破真定。庄烈帝封三桂平西伯，并起襄提督京营，征三桂入卫。

史可法死不屈

【四字鉴】

留头留发，史帅抗清。
江阴血洒，壮烈南明。

史可法（1602—1645），河南开封祥符县人。明末抗清名将、民族英雄。弘光元年（1645年），清军大举围攻扬州城，不久后城破，史可法拒降遇害。南明朝廷谥之为"忠靖"。乾隆帝追谥为"忠正"。①

---

① 【《明史》】可法檄各镇兵，无一至者。二十日，大清兵大至，屯班珠尔园。明日，总兵李栖凤、监军副使高岐凤拔营出降，城中势益单。诸文武分陴拒守。旧城西门险要，可法自守之。作书寄母妻，且曰："死葬我高皇帝陵侧。"越二日，大清兵薄城下，炮击城西北隅，城遂破。可法自刎不殊，一参将拥可法出小东门，遂被执。可法大呼曰："我史督师也。"遂杀之。扬州知府任民育，同知曲从直、王缵爵，江都知县周志畏、罗伏龙，两淮盐运使杨振熙，监饷知县吴道正，江都县丞王志端，赏功副将汪思诚，幕客卢渭等皆死。
【乾隆帝《钦定胜朝殉节诸臣录》】至若史可法之支撑残局、力矢孤忠，终蹈一死以殉；又如刘宗周、黄道周等之立朝謇谔、抵触佥壬，及遭际时艰，临危授命：均足称一代完人，为褒扬所当及。史可法节秉清刚，心存干济，危颠难救，正直不回。

第三篇

【四字鉴】

顺封达赖，五世开始。
熙封班禅，活佛转世。

顺治帝封达赖

顺治帝（1638—1661），名福临，是清朝入关以后的第一位皇帝，1643年至1661年在位。1652年，五世达赖喇嘛被顺治皇帝授予"西天大善自在佛所领天下释教普通瓦赤喇旦达赖喇嘛"之称号。1713年，清朝康熙帝封五世班禅为"班禅额尔德尼"，并规定此后达赖和班禅，都需经过中央政府册封。雍正时开始设驻藏大臣，通达赖和班禅共同管理西藏。乾隆时创立"金瓶掣签"制度。①

---

① 【《清史稿》】顺治之初，睿王摄政。入关定鼎，奄宅区夏。然兵事方殷，休养生息，未遑及之也。迨帝亲总万几，勤政爱民，孜孜求治。清赋役以革横征，定律令以涤冤滥。蠲租贷赋，史不绝书。践阼十有八年，登水火之民于衽席。虽景命不融，而丕基已巩。至于弥留之际，省躬自责，布告臣民。禹、汤罪己，不啻过之。书曰："亶聪明作元后，元后为民父母。"其世祖之谓矣。

康熙帝除鳌拜

爱新觉罗·玄烨（1654—1722），年号"康熙"。康熙帝奠定了清朝兴盛的根基，开创出康乾盛世的局面。1713年，清朝康熙帝封五世班禅为"班禅额尔德尼"。康熙帝在16岁时挫败了权臣鳌拜，夺回朝廷大权；花8年时间，终于平定"三藩"。1684年，设立台湾府，隶属福建省；三征噶

> 【四字鉴】
>
> shí liù chú áo　　bā nián dìng fān
> 十 六 除 鳌，八 年 定 藩。
> bā sì shōu tái　　sān zhēng gé dān
> 八 四 收 台，三 征 葛 丹。

尔丹，并取得胜利。①

  17世纪中期，沙皇俄国势力侵入我国黑龙江流域，强占了雅克萨和尼布楚地区。康熙帝命令清军水陆并进，取得两次雅克萨之战的胜利。1689年，中俄双方代表在尼布楚进行谈判，经过平等协商签订了中俄第一个边界条约《尼布楚条约》。规定黑龙江和乌苏里江流域（包括库页岛在内）的广大地区，都是中国的领土。清朝前期，疆域西抵葱岭和巴尔喀什湖北岸，西北包括唐努乌梁海地区，北至西伯利亚，东到太平洋，东北至外兴安岭以北（包括库页岛），南至南沙群岛，是亚洲东部最大的国家。

---

① 【《清史稿》】戊申，诏逮辅臣鳌拜交廷鞫。上久悉鳌拜专横乱政，特虑其多力难制，乃选卫、拜唐阿年少有力者为扑击之戏。是日，鳌拜入见，即令侍卫等掊而絷之。今海内一统，寰宇宁谧，满汉人民相同一体，令出洋贸易，以彰富庶之治，得旨开海贸易。

【学者言】康熙三征噶尔丹，团结众蒙古部，把新疆牢牢地守住。他进兵西藏，振兴黄教，尊崇达赖喇嘛，护送六世达赖进藏，打败准噶尔人，为维护西南边疆的统一，迈出了关键性的一步。他进剿台湾，在澎湖激战，完成统一台湾的大业。他在东北收复雅克萨，组织东北各族人民进行抗俄斗争，和沙俄签订《尼布楚条约》，保证我永戍黑龙江，取得了独立自主外交的胜利，为巩固东北边疆做出了重大贡献。

【四字鉴】

台tái胞bāo苦kǔ盼pàn，驱qū逐zhú荷hé兰lán。
一yī六liù六liù二èr，收shōu复fù台tái湾wǎn。

郑成功（1624—1662），民族英雄。明朝后期，荷兰殖民者侵占了我国宝岛台湾，1661年4月，郑成功率领两万余名将士跨过海峡，打败侵占台湾达38年之久的荷兰殖民者，荷兰殖民总督揆一于1662年2月1日签字投降，撤离台湾。①

---

① 【康熙联】四镇多二心，两岛屯师，敢向东南争半壁；诸王无寸土，一隅抗志，方知海外有孤忠。
【刘铭传联】赐国姓，家破君亡，永矢孤忠，创基业在山穷水尽；复父书，词严义正，千秋大节，享俎豆于舜日尧天。
【丘逢甲联】由秀才封王，主持半壁旧河山，为天下读书人顿生颜色；驱外夷出境，开辟千秋新事业，愿中国有志者再鼓雄风。

第三篇 165

军机事雍正裁

爱新觉罗·胤禛，清世宗雍正（1678—1735），1723—1735年在位。雍正废除议政王大臣会议，设立军机处加强中央集权，封建专制统治达到顶峰。雍正时文字狱日益频繁。徐骏写诗"明月有情还顾我，清风无意不留人""莫道萤光小，犹怀照夜心。清风不识字，何故乱翻书"。清廷认为他蓄意诽谤朝廷，以大逆不道罪把他判处死刑。①

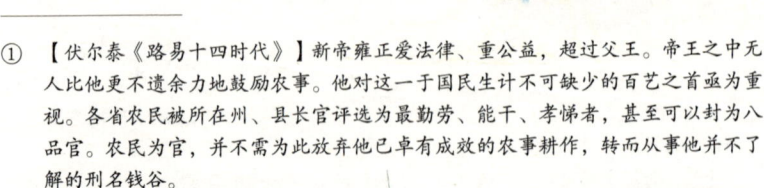

【四字鉴】

yōng zhèng jūn jī　　zhuān zhì dǐng fēng
雍　正　军　机，专　制　顶　峰。
wén zì yù wéi　　bù shí qīng fēng
文　字　狱　为，不　识　清　风。

① 【伏尔泰《路易十四时代》】新帝雍正爱法律、重公益，超过父王。帝王之中无人比他更不遗余力地鼓励农事。他对这一于国民生计不可缺少的百艺之首亟为重视。各省农民被所在州、县长官评选为最勤劳、能干、孝悌者，甚至可以封为八品官。农民为官，并不需为此放弃他已卓有成效的农事耕作，转而从事他并不了解的刑名钱谷。

【学者评】雍正在位十三年，严厉明察、循名责实、整饬吏治、清理财政，大大矫正康熙以来宽纵的弊端，雍正一朝吏治清明，臣下莫不奉公守法，吏治之隆是清代之最，历代仅见。

乾隆征和卓败

【四字鉴】

大小和卓，乾隆平乱。
伊犁将军，新疆军管。

爱新觉罗·弘历（1711—1799），清高宗乾隆，主政60多年。乾隆二十三年（1758），平定大、小和卓叛乱。第二年，设伊犁将军，加强对天山南路的管理，从此天山南北合称新疆。①

---

① 【《清史稿·高宗本纪》】高宗运际郅隆，励精图治，开疆拓宇，四征不庭，揆文奋武，于斯为盛。享祚之久，同符圣祖，而寿考则逾之。自三代以后，未尝有也。惟耄期倦勤，蔽于权幸，卜晷日月之明，为之叹息焉。
【王俊义评崔瑞德著《剑桥中国清代前中期史》】乾隆是中国历史上最强有力的君主，同时"又是一个最有争议的人物"，他"集艺术家、诗人、焚书者、好战者、穷人的保护者"于一身。他既"打败了准噶尔，最终结束了中亚游牧民族的分立状态，强有力地扩大了清帝国的版图"。而又刚愎自用，打了劳民伤财的"大小金川之役"和得不偿失的"远征越南、缅甸之战"。他既编纂了保存浩瀚典籍的《四库全书》，又大力焚书，滥行文字狱。他在位期间发展农业、提高生产力，养活了全国三亿人口，使清朝的经济达到鼎盛，但又喜怒无常，挥霍浪费，导致晚年面临贫困和腐败之局面。

【四字鉴】

tǔ ěr hù tè　　kè fú chóng nán
土尔扈特，克服重难。
qiān lǐ huí guī　　méng hàn tuán yuán
千里回归，蒙汉团圆。

渥巴锡（1743—1775），18世纪西蒙古土尔扈特部可汗。当时，俄罗斯叶卡捷琳娜二世向中亚地区扩张，压迫土尔扈特部，渥巴锡在1771年1月率领本部17万人东迁，由于俄罗斯哥萨克骑兵的追击和恶劣的自然环境，7月到达西部蒙古时只剩66073人。乾隆帝在承德避暑山庄隆重接待渥巴锡。①

---

① 【德尼赛《鞑靼人的反叛》】从有最早的历史记录以来，没有一桩伟大的事业能像20世纪后半期一个主要鞑靼民族跨越亚洲草原向东迁逃那样轰动于世，那样令人激动的了。

和珅贪佞瑶壹

和珅（1750—1799），原名善保，满洲正红旗。得到乾隆帝宠信，私欲膨胀，结党营私，聚敛钱财。嘉庆四年（1799），和珅被革职下狱，所聚敛的财富，约值八亿两至十一亿两白银，所拥有的黄金和白银加上其他古玩、珍宝，超过了清朝政府10年（一说15年）财政收入的总和。赐

【四字鉴】

乾隆盛世，出大贪官。
园中财抵，政府十年。

死和珅第十三条罪状是："昨将和珅家产查抄，所盖楠木房屋，奢侈逾制，其多宝阁及隔断样式，皆仿照宁寿宫制度。其园寓点缀，竟与圆明园蓬岛瑶台无异，不知是何肺肠！"[1]

---

[1] 【《清史稿》】朕于乾隆六十年九月初三日，蒙皇考册封皇太子，尚未宣布，和珅于初二日在朕前先递如意，以拥戴自居，大罪一。骑马直进圆明园左门，过正大光明殿，至寿山口，大罪二。乘椅桥入大内，肩舆直入神武门，大罪三。取出宫女子为次妻，大罪四。于各路军报任意压搁，有心欺蔽，大罪五。皇考圣躬不豫，和珅毫无忧戚，谈笑如常，大罪六。皇考力疾批答章奏，字迹间有未真，和珅辄谓不如撕去另拟，大罪七。兼管户部报销，竟将户部事务一人把持，变更成例，不许部臣参议，大罪八。上年奎舒奏循化、贵德二贼番肆劫青海，和珅驳回原折，隐匿不办，大罪九。皇考升遐后，朕谕蒙古王公未出痘者不必来京，和珅擅令己、未出痘者俱不必来，大罪十。大学士苏凌阿重听衰迈，因与其弟和琳姻亲，隐匿不奏；侍郎吴省兰、李潢，太仆寺卿李光云在其家教读，保列卿阶，兼任学政，大罪十一。军机处记名人员任意撤去，大罪十二。所钞家产，楠木房屋僭侈逾制，仿照宁寿宫制度，园寓点缀与圆明园蓬岛、瑶台无异，大罪十三。蓟州坟茔设享殿，置隧道，居民称和陵，大罪十四。所藏珍珠手串二百馀，多于大内数倍，大珠大于御用冠顶，大罪十五。宝石顶非所应用，乃有数十，整块大宝石不计其数，胜于大内，大罪十六。藏银、衣服数逾千万，大罪十七。夹墙藏金二万六千馀两，私库藏金六千馀两，地窖埋银三百馀万两，大罪十八。通州、蓟州当铺、钱店赀本十馀万，与民争利，大罪十九。家奴刘全家产至二十馀万，并有大珍珠手串，大罪二十。

【四字鉴】

jiā qìng chāo jiā　　guān shuì zēng jiā
嘉　庆　抄　家，　官　税　增　加。

zhòng guān rì guā　　qǐ yì pín fā
众　官　日　刮，　起　义　频　发。

　　爱新觉罗·颙琰（1760—1820），清仁宗嘉庆帝。他整肃纲纪，诛杀权臣和珅，但国内阶级矛盾尖锐，农民起义如火如荼。嘉庆朝未能从根本上扭转清朝政局的颓败。①

　　为防止中外反清势力的联合和西方殖民主义者的渗透，清朝实行"闭关锁国"政策，严格限制对外贸易，只留广州一处口岸与国外通商，并对外商和华商的活动都作出了更为严格的限制，一直持续到鸦片战争前夕。"闭关锁国"对西方殖民者的侵略活动有一定的自卫作用，但是这使得中国与世隔绝，限制了中国经济和航海业的发展，进一步导致了国家的闭塞，使得中国逐渐落伍于世界。

嘉庆帝清衰袭

---

① 【《清实录》】上受天明命。协帝重华。天亶聪明。帝传精一。承手付太平之后。征躬备多福之原。懿铄哉、生民以来未有之嘉会也。敬惟廿五年中。经纬万端。蟠际两大。垂千百王之模范。抚数万里之版图。奠亿兆人之家室。

第肆角

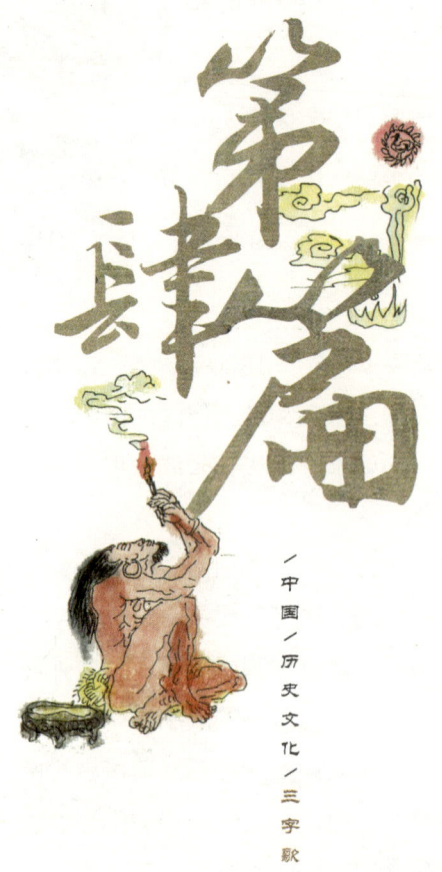

/中国/历史文化/三字歌/

肆

王通（584—617），道号文中子，今山西万荣县人，隋朝思想家。其《中说》倡导实行"仁政"，主张"三教合一"，探究"天人之事"，有朴素唯物主义的倾向和主变思想。王通将天、道、圣、王四合为一，对于四合为一的"王道"寄予了无限美好的向往。《中说》里"人统元识"思想，认为人作为主体对天、地客体具有认识能力。气属天在上，形属地在下，识属人都在其中。①

【四字鉴】

tiān dào shèng wáng　　sì hé wéi yī
天　道　圣　王，　四　合　为　一。

zhōng shuō tiān rén　　rén tǒng yuán shí
中　说　天　人，　人　统　元　识。

---

① 【王通《中说》】天者，统元气焉，非止荡荡苍苍之谓也；地者，统元形焉，非止山川丘陵之谓也；人者统元识焉，非止圆首方足之谓也。乾坤之蕴，汝思之乎？

【钱穆《中国文化对人类未来可有的贡献》】中国文化中，"天人合一"观，虽是我早年已屡次讲到，惟到最后始澈悟此一观念实是整个中国传统文化思想之归宿处。

【王弼】天也者，形之名也；健也者，用形者也。夫形也者，物之累也。有天之形，而能永保无亏，为物之首，统之者岂非至健哉！

黄老术人文始

【四字鉴】

黄帝内经，黄老帛书。
huáng dì nèi jīng　huáng lǎo bó shū

淮南鸿烈，吕氏春秋。
huái nán hóng liè　lǚ shì chūn qiū

《黄帝内经》分为《灵枢》《素问》两部分，是中国最早的医学典籍，在黄老道家理论上建立了"阴阳五行学说""脉象学说""藏象学说""经络学说""病因学说""病机学说""病症""诊法""论治""养生学"及"运气学"等中医学说。

《黄老帛书》又称《帛书黄帝书》，1973年底长沙马王堆三号汉墓出土。融铸诸子为黄老之学，以"道"为最高范畴。

《淮南子》又名《淮南鸿烈》，是西汉淮南王刘安及其门客集体编写的一部哲学著作。该书在继承先秦道家思想的基础上，综合诸子精华，"鸿"是广大的意思，"烈"是光明的意思。

　　《吕氏春秋》是在秦相吕不韦主持下编撰的黄老道家名著，熔诸子学说于一炉，是战国末期道家的代表作，高诱说：《吕氏春秋》"以道德为标的，以无为为纲纪"。①

---

① 【唐韩愈《原道》】黄老于汉，佛于晋、魏、梁、隋之间。
【《史记》】申子之学本于黄老而主刑名……会窦太后治黄老言，不好儒术，使人微伺得赵绾等奸利事，召案绾、臧，绾、臧自杀，诸所兴为者皆废。后六年，窦太后崩。其明年，上征文学之士公孙弘等。
【《黄老帛书》】道生法。法者，引得失以绳，而明曲直者也。故执道者，生法而弗敢犯也，法立而弗敢废也。故能自引以绳，然后见知天下而不惑矣。
【《吕氏春秋》】天下乃天下人之天下。
【《吕氏春秋·离俗览·用民》】壹引其纲，万目皆张。
【《淮南子》（又名《淮南鸿烈》）】古之置有司也，所以禁民，使不得自恣也；法籍礼仪者，所以禁君，使无擅断也。
【《淮南子·诠言训》】为治之本，务在安民；安民之本，在于足用。

【四字鉴】

sī shòu yīn yuè　　guǎng hán fēi xiù
司 授 音 乐，广 寒 飞 袖。
kōng lǐ bù xū　　yuè guǎng rú zhòu
空 里 步 虚，月 光 如 昼。

叶法善紫云曲

叶法善（616—722），今浙江省丽水市人，寿107岁，无病而终。叶法善对道教音乐深有研究，融合道教音乐、宫廷音乐，创作《霓裳羽衣曲》。又传说，开元初年的中秋，皓月当空，唐明皇和叶法善一起游月宫，聆听仙女演奏的《紫云曲》仙乐。唐玄宗默记心中，醒来后将乐谱写了出来，取名为《霓裳羽衣曲》。①

① 【《太平广记》】又尝因八月望夜，师（叶法善）与玄宗游月宫，聆月中天乐。问其曲名，曰："《紫云曲》"。玄宗素晓音律，默记其声，归传其音。名之曰《霓裳羽衣》。自月宫还，过潞州城上，俯视城郭悄然，而月光如昼。师因请玄宗以玉笛奏曲。

神仙祖陈抟

陈抟（871—989），字图南，号扶摇子，赐号"白云先生""希夷先生"，今河南省鹿邑县人。北宋养生家，尊奉黄老之学。据《宋史·朱震传》记载，邵雍的《先天图》传自陈抟。陈抟据《易》作有《无极图》，一是万物形体生成变化的开始，太极"复归于无极"。①

> **【四字鉴】**
>
> tài jí wú jí　　sù yǎng hào hào
> 太极无极，素养浩浩。
> bú yè wáng hóu　　dào zūn tuán lǎo
> 不谒王侯，道尊抟老。

---

① 【《太华希夷志》】报曰皇帝（宋太宗）宣师父，先生（陈抟）盥手焚香，拜礼毕听诏，曰：朕自即位以来，克服八方，威临万国，遐迩悉归于皇化，华夷亦致于隆平。知卿抱道山中，洗心物外，养太素浩然之气，应上界少微之星。节配巢由，道遵黄老。怀经纶之长策，不谒王侯；蕴将相之奇才，未朝天子。卿不屈于万乘，身奚隐于二三峰。乘风犹来，举朝称贺。
【王象之《舆地纪胜》】钦真观，在安岳县之崇龛镇，即陈希夷故宅。
【宋史·朱震传】震经学深醇，有《汉上易解》云："陈抟以《先天图》传种放，放传穆修，穆修传李之才，之才传邵雍……"

惠能接禅锋衣

惠能（638—713），俗姓卢，今广东新兴县人，到湖北黄梅谒五祖弘忍，五祖说："南蛮獦獠也来闻佛法。"惠能说："人有南北，难道佛性还有南北吗？"后以偈子"菩提本无树，明镜亦非台。本来无一物，何处惹尘埃"得五祖认可，密传衣钵信物，为禅宗第六代祖。后隐居猎人中多年。惠能觉得时机成熟时，去广州法性寺参拜印宗法师。当夜在大殿听到二个和尚争论风吹幡动，一个和尚说是风动，一个和尚说不是风动而是幡动。惠能说：不是风动，也不是幡动，而是你们二人的心在那里动。惠能之曹溪顿悟法门，主张不立文字，教外别传，直指人心，见性成佛，是佛教中国化之鼻祖。①

【四字鉴】

獦獠和尚，性无南北。
风动幡动，无法可得。

---

① 【《六祖坛经》】惠能偈曰：菩提本无树，明镜亦非台，本来无一物，何处惹尘埃。书此偈已，徒众总惊，无不嗟讶，各相谓言：奇哉！不得以貌取人。何得多时使他肉身菩萨。祖见众人惊怪，恐人损害，遂将鞋擦了偈。曰：亦未见性。众以为然。次日，祖潜至碓坊，见能腰石舂米，语曰：求道之人，为法忘躯，当如是乎？乃问曰：米熟也未？惠能曰：米熟久矣，犹欠筛在。祖以杖击碓三下而去。惠能即会祖意，三鼓入室。祖以袈裟遮围，不令人见。为说《金刚经》，至"应无所住而生其心"，惠能言下大悟，一切万法，不离自性。遂启祖言：何期自性，本自清净；何期自性，本不生灭；何期自性，本自具足；何期自性，本无动摇；何期自性，能生万法。祖知悟本性，谓惠能曰：不识本心，学法无益。若识自本心，见自本性，即名丈夫、天人师、佛。三更受法，人尽不知，便传顿教，及衣钵。云：汝为第六代祖。善自护念。广度有情，流布将来，无令断绝……佛法在世间，不离世间觉，离世觅菩提，恰如求兔角。

玄奘僧取经西

【四字鉴】

qǔ jīng xuán zàng　jiǎng fǎ tiān zhú
取经玄奘，讲法天竺。
yì jīng yàn tǎ　　fó huà dào rú
译经雁塔，佛化道儒。

　　玄奘（602—664），俗名"陈祎"，法名"玄奘"，今河南洛阳偃师人。唐高僧，法相宗，被尊称为"三藏法师"，玄奘与鸠摩罗什、真谛并称为中国佛教三大翻译家。贞观初年，沿着丝绸之路西行前往佛教圣地天竺（今印度）求取佛经。其见闻被编成著作《大唐西域记》，为中印文化交流作出了重要贡献。①

---

① 【《大慈恩寺三藏法师传》】帝曰：师去何不相报。法师谢曰：玄奘当去之时以再三表奏。但诚愿微浅不蒙允许。无任慕道之至乃辄私行。专擅之罪唯深惭惧。帝曰：师出家与俗殊隔。然能委命求法惠利苍生。

鉴真僧六渡日

鉴真(688—763),俗姓淳于,今江苏扬州人,唐高僧,律宗,日本佛教南山律宗的开山祖师,著名医学家。日本派往唐朝进行交流学习的使者叫作"遣唐使",遣唐使回国后,对日本影响很大,他们参照唐朝制度改革日本政治、经济和法律制度,许多风俗也仿照唐朝。唐玄宗时,鉴真接受日本佛教界邀请,东渡日本弘扬佛法。第六次终于东渡成功,他在日本广泛传播我国佛学、建筑、医药和艺术等成就,对中日文化交流作出贡献。① 8世纪以前,日本使用汉字作为表达记述的工具。唐朝时,随遣唐使来华的留学生吉备真备和学问僧空海和尚,在日本人民利用中国汉字标音表意的基础上,创造了日本假名文字——片假名和平假名,大大推动了日本文化的发展。同时,日本的词汇和文法也受到汉语的影响。

【四字鉴】

zhōng rì wén huà, jiāo liú mián cháng.
中日文化,交流绵长。

gāo sēng chuán fǎ, dù hǎi ér máng.
高僧传法,渡海而盲。

---

① 【《日本医学史》】日本古代名医虽多,得祀像者,仅鉴真与田代三喜二人而已。
【《宋高僧传·唐扬州大云寺庙鉴真传》】言旋淮海,以戒律化诱,郁为一方宗首。

法藏师华严系

【四字鉴】

华严世界，看金狮子。
深入浅出，无尽缘起。

法藏（643—712），唐高僧，华严宗三祖之一。法藏"新十玄门"，以金狮子为譬喻，向武则天解说法。[1]法藏对宋明理学有较大影响。

---

[1] 【《金师子章·辨色空第二》】谓金无自性，随工巧匠缘，遂有狮子相起。起但是缘，故名缘起。谓狮子相虚，唯是真金。狮子不有，金体不无，故名色空。又复空无自相，约色以明。不碍幻有，名为色空。狮子情有，名为遍计。狮子似有，名曰依他。金性不坏，故号圆成。谓以金收狮子尽，金外更无狮子相可得，故名无相。谓正见狮子生时，但是金生，金外更无一物。狮子虽有生灭，金体本无增减，故曰无生。
【《圆觉经》】三世悉平等，毕竟无来去。

周敦颐图太极

【四字鉴】

人秀最灵，爱莲说中。
寂然不动，感而遂通。

　　周敦颐（1017—1073），字茂叔，谥号元公，今湖南省道县人，世称濂溪先生。宋朝儒家理学思想的开山鼻祖。著有《爱莲说》《太极图说》。周敦颐提出无极、太极、阴阳、五行、动静、主静、至诚、无欲、顺化等理学基本概念。①《爱莲说》，"予独爱莲之出淤泥而不染，濯清涟而不妖，中通外直，不蔓不枝，香远益清，亭亭净植，可远观而不可亵玩焉"。

---

① 【周敦颐《太极图说》】无极而太极。太极动而生阳，动极而静，静而生阴，静极复动。一动一静，互为其根。分阴分阳，两仪立焉。阳变阴合，而生水火木金土。五气顺布，四时行焉。五行一阴阳也，阴阳一太极也，太极本无极也。五行之生也，各一其性。无极之真，二五之精，妙合而凝。乾道成男，坤道成女。二气交感，化生万物。万物生生而变化无穷焉。唯人也得其秀而最灵。形既生矣，神发知矣。五性感动而善恶分，万事出矣。圣人定之以中正仁义而主静，立人极焉。故圣人"与天地合其德，日月合其明，四时合其序，鬼神合其吉凶"，君子修之吉，小人悖之凶。故曰："立天之道，曰阴与阳。立地之道，曰柔与刚。立人之道，曰仁与义。"又曰："原始反终，故知死生之说。"大哉易也，斯其至矣！

程颢言体天理

【四字鉴】

天理良心，尽心知性。
万物有对，须以诚敬。

程颢（1032—1085），字伯淳，称"明道先生"，今红安县二程镇人。程颐（1033—1107），世称"伊川先生"，为程颢之胞弟。程颢、程颐的学说相近，以"理"或"道"为基础，"万物皆只是一个天理""万事皆出于理"。现行社会秩序遵循它便合天理。事物皆"有对"，是辩证的。①

---

① 【《宋史·道学传》】程颢自十五六时，与弟颐闻汝南周敦颐论学，遂厌科举之习，慨然有求道之志。泛滥于诸家，出入于老释者几十年，反求诸六经而后得之，秦汉以来，未有臻斯学者。
【《上蔡语录》记程颢】吾学虽有所授受，"天理"二字却是自家体贴出来。
【程颐《代吕晦叔应诏疏》】为政之道，以顺民心为本，以厚民生为本，以安而不扰为本。
【《二程遗书·语录》】天地之化，既是两物，必动已不齐。
【宋·蔡沈《洪范皇极·内篇》】非一则不能成两，非两则不能致一。

【四字鉴】

白鹿岳麓，鹅湖互敬。
东方理学，开欧理性。

朱熹（1130—1200），字元晦，世称朱文公。祖籍今江西省婺源，生于今福建省尤溪县。宋朝著名的理学家，与二程合称"程朱学派"。朱熹的理学思想是元、明、清三朝的官方哲学，著述甚多，《四书章句集注》成为钦定的教科书和科举考试的标准。①

---

① 【《在哲学社会科学工作座谈会上的讲话》】在漫漫历史长河中，中华民族产生了儒、释、道、墨、名、法、阴阳、农、杂、兵等各家学说，涌现了老子、孔子、庄子、孟子、荀子、韩非子、董仲舒、王充、何晏、王弼、韩愈、周敦颐、程颢、程颐、朱熹、陆九渊、王守仁、李贽、黄宗羲、顾炎武、王夫之、康有为、梁启超、孙中山、鲁迅等一大批思想大家，留下了浩如烟海的文化遗产。
【黎靖德《朱子语类》】上而无极、太极，下而至于一草一木一昆虫之微，亦各有理。一书不读，则阙了一书道理；一事不穷，则阙了一事道理；一物不格，则阙了一物道理。须着逐一件与他理会过。
【李约瑟《中国科学技术史》】当爱因斯坦时代到来时，人们发现一长串的哲学思想家已经为之准备好了道路——从怀特海上溯到恩格斯和黑格尔，又从黑格尔到莱布尼茨——那时候的灵感也许完全不是欧洲的了。也许，最现代化的欧洲的自然科学理论基础应该归功于庄周、周敦颐和朱熹等人的，要比世人至今所认识到的更多。
【黎靖德《朱子语类》】一分为二，节节如此，以至无穷，皆是一生两尔。

宋朝淳熙二年(1175)五月,朱熹送吕祖谦至信州鹅湖寺(今鹅湖书院),陆九龄、陆九渊及刘清之皆来会,史称"鹅湖之会"。程颐说:"格犹穷也,物犹理也。犹曰穷其理而已矣。"朱熹继承二程的说法,认为若做不到"格物致知",无论如何都是凡人,只有达到"物格知至",方可进入圣贤之域。"格物致知"的具体内容是:"穷天理,明人伦,讲圣言,通事故。""格,至也。物,犹事也。穷推至事物之理,欲其极处无不到也。"

【四字鉴】

宇宙吾心，吾心宇宙。
已分内事，勿忘共守。

陆九渊心即理

陆九渊（1139—1193），字子静，今江西省金溪县人。南宋哲学家，陆王心学的代表人物。因讲学于象山书院，被称为"象山先生"，学者常称其为"陆象山"。淳熙八年（1181），朱熹请陆九渊登白鹿洞书院讲堂，讲"君子喻于义，小人喻于利"，朱熹则认为切中学者隐微深固之疾，当共守勿忘。[①]

---

① 【《宋史·陆九渊传》】遂陈五论：一论仇耻未复，愿博求天下之俊杰，相与举论道经邦之职；二论愿致尊德乐道之诚；三论知人之难；四论事当驯致而不可骤；五论人主不当亲细事。

【陆九渊《与朱元晦》二】言即其事，事即其言，所谓"言顾行，行顾言。"

陈白沙颊七子

陈献章（1428—1500），字公甫，别号石斋，仪干修伟，右颊有七黑子，人称白沙先生，广东新会县白沙里（今江门市蓬江区白沙）人，明代理学承前启后者，主张"贵疑论"，"前辈谓'学贵知疑'，小疑则小进，大疑则大进。疑者，觉悟之机也"。提出"天地我立，万化我出，宇宙在我""事物虽多，莫非在我""静坐中养出端倪"。性灵诗派的开创者，诗著《白沙子全集》。湛若水、梁储等名臣是其弟子。

【四字鉴】

xīng líng shī pài　jìng yǎng duān ní
性 灵 诗 派， 静 养 端 倪。

lǐng nán xué pài　lì liáng zhù shí
岭 南 学 派， 栎 梁 柱 石。

湛若水浣胸泥

【四字鉴】

随处天理，仁物一体。
甘泉学派，三千九士。

湛若水（1466—1560），字元明，号甘泉，耳旁黑子左七右六，类二斗，今广东省广州市增城区新塘人，先后任南京国子监祭酒、南京礼部尚书、吏部尚书、兵部尚书，追赠太子少保。拜陈献章为师，主张"随处体认大理""为学先须认仁，仁与天地万物为一体""万事万物，莫非心也""观天地间只是一气，只是一理""动静一心也"，其弟子称三千九百士，为"甘泉学派"。留存《过清溪》石碑，有"吾爱清溪水，浣此胸中泥"句。

王阳明致良知

王守仁（1472—1529），汉族，幼名云，字伯安，别号阳明。浙江绍兴府余姚县（今属宁波余姚）人，因曾筑室于会稽山阳明洞，自号阳明子、阳明山人，学者称之为阳明先生，亦称王阳明。明代著名的思想家，陆王心学之集大成者，精通儒家、道家、佛家。①

【四字鉴】

shì wú shàn è　　jǐ shēng shàn è
世无善恶，几生善恶。
míng bái shàn è　　wéi shàn qù è
明白善恶，为善去恶。

① 【钱穆《阳明学述要》】阳明思想的价值在于他以一种全新的方式解决了宋儒留下的"万物一体"和"变化气质"的问题……良知既是人心又是天理，能把心与物、知与行统一起来，弥合朱子偏于外、陆子偏于内的片面性，解决宋儒遗留下来的问题。阳明以不世出之天姿，演畅此愚夫愚妇与知与能的真理，其自身之道德、功业、文章均已冠绝当代，卓立千古，而所至又汲汲以聚徒讲学为性命，若饥渴之不能一刻耐，故其学风淹被之广，渐渍之深，在宋明学者中，乃莫与伦比。
【孙中山1905年演讲《中国绝对不会沦亡》】日本的旧文明皆由中国传入，五十年前维新诸豪杰，沉醉于中国哲学大家王阳明的"知行合一"说。

第四篇

倡民主王顾李

【四字鉴】

顾匹夫责，李批等级。
气理夫之，明夷宗羲。

黄宗羲（1610—1695），字太冲，世称梨洲先生，浙江余姚人，明末清初思想家。顾炎武（1613—1682），原名绛，江苏昆山人，尊称为亭林先生，明末清初思想家。王夫之（1619—1692），今湖南衡阳人。李贽（1527—1602），福建泉州人。[1]

---

[1] 【清史稿·黄宗羲传】山阴刘宗周倡道蕺山，以忠端遗命从之游。而越中承海门周氏之绪，授儒入释，姚江之绪几坏。宗羲独约同学六十餘人力排其说。故蕺山弟子如祁、章诸子皆以名德重，而御侮之功莫如宗羲。弟宗炎、宗会，并负异才，自教之，有"东浙三黄"之目。
【顾炎武《日知录·正始》】保国者，其君其臣肉食者谋之；保天下者，匹夫之贱与有责焉耳矣。
【顾炎武《诗集·精卫》】万事有不平，尔何空自苦，长将一寸身，衔木到终古。我愿平东海，身沉心不改，大海无平期，我心无绝时。呜呼！君不见，西山衔木众鸟多，鹊来燕去自成窠。
【王夫之《思问录·外篇》】名非天造，必从其实。
【李贽《焚书·答周西岩》】天下无一人不生知，无一物不生知，亦无一刻不生知。
【明代方孝孺《逊志斋集·杂铭·食器》】适己而忘人者，人之所弃；克己而利人者，众之所戴。

司马光编资治

【四字鉴】

zī zhì tōng jiàn　sī mǎ zhǔ zhuàn
资治通鉴，司马主撰。
xiū shí jiǔ nián　tōng shǐ diǎn fàn
修十九年，通史典范。

司马光（1019—1086），字君实，今山西运城安邑镇人，北宋时期人。所著《资治通鉴》，记述战国到五代1300多年的历史，是中国第一部编年体通史。①

---

① 【张燧《千百年眼》】司马温公为相，每询士大夫"私计足否？"人怪而问之，公曰："倘衣食不足，安肯为朝廷而轻去就耶？"袁石公有云："学问到透彻处，其言都近情，不执定道理以律人。"若公者，庶可语此矣……温公《资治通鉴》稿虽数百卷，颠倒涂抹，讫无一字作草，其行己之度盖如此。

四库修烟袋纪

【四字鉴】

jīng shǐ zǐ jí　　qián lóng sì kù
经史子集，乾隆四库。
xiǎo lán bié ài　　duì lián shū dú
晓岚别爱，对联书牍。

纪昀（1724—1805），字晓岚。今中国河北献县人，曾任《四库全书》总纂修官。①

① 【《清史稿·纪昀传》】纪昀，字晓岚，直隶献县人。乾隆十九年进士，改庶吉士。散馆授编修。再迁左春坊左庶子。京察，授贵州都匀府知府。高宗以昀学问优，加四品衔，留庶子。寻擢翰林院侍读学士。前两淮盐运使卢见曾得罪，昀为姻家，漏言夺职，戍乌鲁木齐。释还，上幸热河，迎銮密云。试诗，以土尔扈特全部归顺为题，称旨，复授编修。三十八年，开《四库全书》馆，大学士刘统勋举昀及郎中陆锡熊为总纂。

【朱珪《知足斋诗集·续集》】宗伯河间蛇，口吃善著书。沉漫《四库》间，《提要》万卷余。抑扬百代上，浩博衡锱铢。食肉不食粟，清浊同一盂。非真佛不度，凭君意踟蹰。

192 ｜ 中国历史文化三字歌

【四字鉴】

suí zhào zhōu qiáo　xiàn cún zuì lǎo
隋 赵 州 桥，现 存 最 老。

qiān sì nián qián　lǐ chūn jiàn zào
千 四 年 前，李 春 建 造。

李春（581—618），隋代造桥匠师。现今河北邢台临城人士。隋开皇十五年至大业初（595—605）建造赵州桥（安济桥），距今1400多年历史，是当今世界上现存最早保存最完整的古代单孔敞肩石拱桥，被誉为"世界建桥史上的奇迹"。①

---

① 【唐·张嘉贞《石桥铭并序》】赵郡蛟河石桥，隋匠李春之迹也，制造奇特，人不知其所以为。试观乎用石之妙，楞平砧斫，方版促郁，缄穹隆崇，豁然无楹，吁，可怪矣！又详乎叉插骈坒，磨砻致密，甃百象一，仍糊灰墨，腰铁拴㩒。两涯嵌四穴，盖以杀怒水荡突。虽怀山而固护焉，非夫深智远虑，莫能创是。其栏槛华柱，锤斫龙兽之状，蟠绕挐踞，眭盱翕歘，若飞若动，又足畏乎！

第四篇 193

雕版印刷是最早在中国出现的印刷形式。唐朝咸通九年（868）印刷的《金刚经》（现存大英博物馆）是世界上现存最早的、标有确切日期的雕版印刷品。毕昇（约970—1051），今湖北英山县人，北宋人。发明了胶泥活字印刷术，经济、省时，大大促进文化传播，被认为是世界上最早的活字印刷技术，比欧洲早约四百年。①

【四字鉴】

唐印雕版，存金刚经。
huó zì yìn shuā　běi sòng bì shēng
活字印刷，北宋毕昇。

① 【沈括《梦溪笔谈·活版》】版印书籍，唐人尚未盛为之。自冯瀛王始印五经，已后典籍，皆为版本。庆历中，有布衣毕昇，又为活版。其法用胶泥刻字，薄如钱唇，每字为一印，火烧令坚。先设一铁板，其上以松脂腊和纸灰之类冒之。欲印则以一铁范置铁板上，乃密布字印。满铁范为一板，持就火炀之，药稍熔，则以一平板按其面，则字平如砥。若止印三二本，未为简易；若印数十百千本，而极为神速。常作二铁板，一板印刷，一板已自布字。此印者才毕，则第二板已具。更互用之，瞬息可就。每一字皆有数印，如之、也等字，每字有二十余印，以备一板内有重复者。不用则以纸贴之，每韵为一贴，木格贮之。有奇字素无备者，旋刻之，以草火烧，瞬息可成。不以木为之者，文理有疏密，沾水则高下不平，兼与药相粘，不可取。不若燔土，用讫再火令药熔，以手拂之，其印自落，殊不沾污。昇死，其印为予群从所得，至今保藏。
【四大发明】四大发明是指南针、造纸术、印刷术、火药等中国古代最具有代表性的科学成就，是我国古代人民的"四大发明"，是中华民族对世界文明发展的重大贡献。1946年10月，英国人李约瑟在联合国教科文组织中发表演讲中宣告，中国人最伟大的发明是"造纸及印刷术、磁罗盘和黑火药"。中国古代的四大发明在人类文明史上的重要地位：造纸术的发明，为人类提供了经济、便利的书写材料，是人类文字载体的革命。印刷术的出现，加快了文化的传播，改变了欧洲只有上等人才能读书的状况。指南针发明及应用于航海，促进了中国航海事业的发展，为欧洲航海家进行发现美洲和环球航行提供了重要条件，促进了世界贸易的发展。火药武器的使用，改变了作战方式，帮助欧洲资产阶级摧毁了封建堡垒，加速了欧洲的历史进程。

僧一行子午堰

僧一行（683—727），本名张遂，唐高宗弘道元年生于武功县，玄宗开元十五年卒于古都长安华严寺，著名的天文学家和佛学家，主持修编新历，最主要的成就是编制《大衍历》。《大衍历》"步晷漏术"是世界数学史上最早的一张正切函数。提供了精确的地球子午线一度弧的长度。①

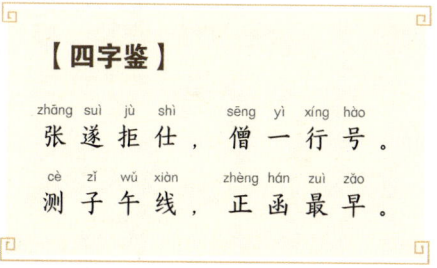

【四字鉴】

zhāng suì jù shì　　sēng yì xíng hào
张遂拒仕，僧一行号。
cè zǐ wǔ xiàn　　zhèng hán zuì zǎo
测子午线，正函最早。

---

① 【《旧唐书·一行传》】(玄宗)为一行制碑文，亲书于石，出内库钱五十万，为起塔于铜人之原。明年，幸温汤，过其塔前，又驻骑徘徊，令品官就塔以告其出豫之意，更赐绢五十四，以莳塔前松柏焉。
【一行·《大日经疏》】先从空中而起风，风上起火，火上起水，水上起地……阿字门为地，缚字门为水，啰字门为火，诃字门为风，佉字门为空。

郭守敬授时历

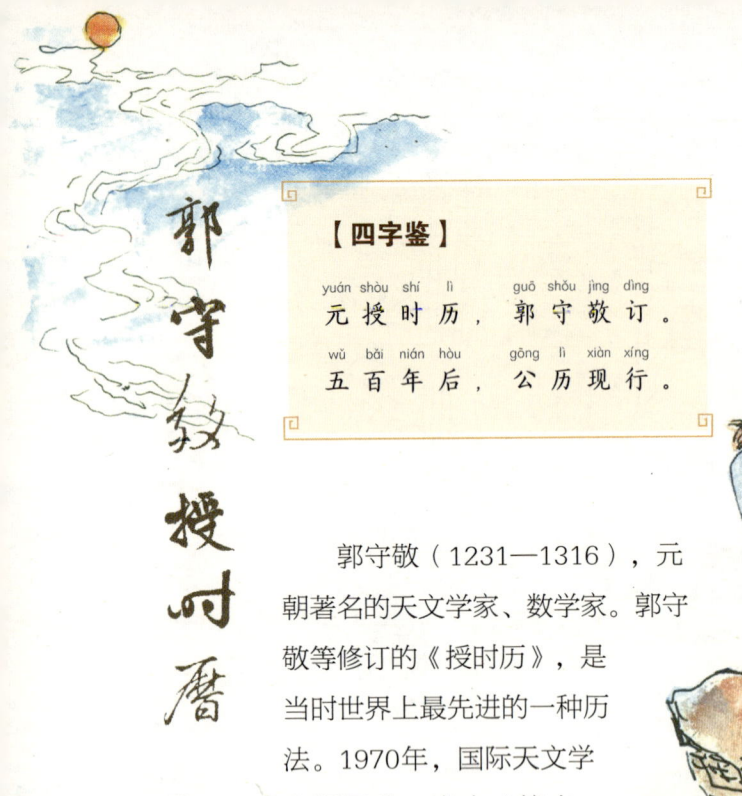

【四字鉴】

元授时历，郭守敬订。
五百年后，公历现行。

郭守敬（1231—1316），元朝著名的天文学家、数学家。郭守敬等修订的《授时历》，是当时世界上最先进的一种历法。1970年，国际天文学会把月球一座山（撞击坑）命名为"郭守敬环形山"。①

---

① 【《元史》】十六年，改局为太史院，以恂为太史令，守敬为同知太史院事，给印章，立官府。及奏进仪表式，守敬当帝前指陈理致，至于日晏，帝不为倦。守敬因奏："唐一行开元间令南宫说天下测景，书中见者凡十三处。今疆宇比唐尤大，若不远方测验，日月交食分数时刻不同，昼夜长短不同，日月星辰去天高下不同，即目测验人少，可先南北立表，取直测景。"帝可其奏。遂设监候官一十四员，分道而出，东至高丽，西极滇池，南逾朱崖，北尽铁勒，四海测验，凡二十七所。大德二年，召守敬至上都，议开铁幡竿渠，守敬奏："山水频年暴下，非大为渠堰，广五七十步不可。"执政吝于工费，以其言为过，缩其广三之一。明年大雨，山水注下，渠不能容，漂没人畜庐帐，几犯行殿。成宗谓宰臣曰："郭太史神人也，惜其言不用耳。"

【四字鉴】

běi sòng bǎi kē, mèng xī bǐ tán
北 宋 百 科，梦 溪 笔 谈。
shěn kuò fā xiàn, dì cí jiǎo piān
沈 括 发 现，地 磁 角 偏。

沈括（1031—1095），今浙江杭州人，北宋科学家，著《梦溪笔谈》。比欧洲早400年发现地磁偏角的存在。①

---

① 【《梦溪笔谈》提要】祝穆《方舆胜览》曰：沈存中宅在润州朱方门外，存中尝梦至一处小山，花如覆锦，乔木覆其上，梦中乐之。后守宣城，有道人无外者，为言京口山川之胜，郡人有地求售，以钱三十万得之。元祐初，道过京口，登所买地，即梦中所游处，遂筑室焉，名曰梦溪。是书盖其闲居是地时作也。凡分十七门，曰故事，曰辨证，曰乐律，曰象数，曰人事，曰官政，曰权智，曰艺文，曰书画，曰技艺，曰器用，曰神奇，曰异事，曰谬误，曰讥谑，曰杂志，曰药议，共二十六卷。又有《补笔谈》二卷，《续笔谈》一卷，旧本别行。

【四字鉴】

《农政全书》，农学巨著。
工艺百科，《天工开物》。

徐光启（1562—1633），字子先，我国明朝著名的科学家、农学家、数学家。与意大利人利玛窦研讨学问。其农学的代表作是《农政全书》，大大促进了中国农业的发展。宋应星（1587—约1666），字长庚，今宋埠镇牌楼村人，其著《天工开物》是世界上第一部总结明代农业、手工业生产技术的综合性著作，被称为"中国17世纪的工艺百科全书"。①

---

① 【徐骥《文定公行实》】戊戌今上（崇祯帝）即位，诏起原官，侍日讲，补经筵讲官。遴选讲官的标准是要"学问贯通，言行端正，老成重厚，识达大体"，学术纯正，持己端方，谋虑深远，才智超卓，通达古今，明练治体者。

【李以章《论宋应星的科学成就》】宋应星在总结农业和手工业经验的过程中，逐步形成了朴素的唯物论和辩证法的思想，而这一思想一旦形成，又指导着他在科学技术的研究中奋力向前，取得了卓越的成就，成为我国乃至世界历史上杰出的学者。

【四字鉴】

yào wáng shèng shǒu　kāi guān yīng jiào
药王圣手，开棺婴叫。
zhù　qiān jīn fāng　　xiàn wǔ qiān yào
著《千金方》，献五千药。

孙思邈（541—682），今陕西铜川人，唐代医药学家、道士，著有《千金方》，被后人尊称为"药王"，也被尊为药师佛化身。①孙思邈路遇一行棺，棺有鲜血滴出，说服其家人开棺，为棺内少妇针灸，少妇醒而顺产一男婴。

---

① 【明·夏树芳《法喜志》】孙思邈，华原人，幼聪慧，日记万言。独狐信异之曰：圣童也！善老庄，兼通阴阳，推步医药，于释典无所不究。居太白山，隋文帝以国子博士召不拜，太宗召至京师。时已老，欲官之不受，竟称疾还山。尝手写华严经，太宗问邈曰：何经为大？对曰：华严经佛所尊大。帝曰：近玄奘三藏译大般若经六百卷，何不为大？而八十卷反为大乎？对曰：华严法界具一切门，于一切门中可演出大千经卷，般若经乃华严之一门耳。帝悟。
【孙思邈《大医精诚论》】自古名贤治病，多用生命以济危急，虽曰贱畜贵人，至于爱命人畜一也。损彼益己，物情同患，况于人乎！夫杀生求生，去生更远。吾今此方所以不用生命为药者，良由此也。

【四字鉴】

二十七年，时珍巨著。
药方总结，本草纲目。

李时珍（1518—1593），字东璧，今湖北省黄冈市蕲春县蕲州镇人。明朝医药学家，代表作《本草纲目》，是我国古代一部总结性的药物学巨著，被誉为"东方医药巨典"。①

---

① 【《进〈本草纲目〉疏》】湖广黄州府儒学增广生员李建元谨奏，为遵奉明例访书，进献《本草》以备采择事。臣伏读礼部仪制司勘合一款，恭请圣明敕儒臣开书局纂修正史，移文中外。凡名家著述，有关国家典章，及纪君臣事迹，他如天文、乐律、医术、方技诸书，但成一家名言，可以垂于方来者，即访求解送，以备采入《艺文志》。如已刻行者，即刷印一部送部。或其家自欲进献者，听。奉此。臣故父李时珍，原任楚府奉祠，奉敕进封文林郎、四川蓬溪知县。生平笃学，刻意纂修。曾著《本草》一部，甫及刻成，忽值数尽，撰有遗表，令臣代献。臣切思之：父有遗命而子不遵，何以承先志；父有遗书而子不献，何以应朝命。矧今修史之时，又值取书之会，臣不揣谫陋，不避斧钺，谨述故父遗表。臣父时珍，幼多羸疾，长成钝椎，耽嗜典籍，若啖蔗饴。考古证今，奋发编摩，苦志辨疑订误，留心纂述诸书。伏念《本草》一书，关系颇重，注解群氏，谬误亦多。行年三十，力肆校雠；历岁七旬，功始成就。野人炙背食芹，尚欲献之天子；微臣采珠聚玉，敢不上之明君。昔炎黄辨百谷，尝百草，而分别气味之良毒；轩辕师岐伯，遵伯高，而剖析经络之本标。遂有《神农本草》三卷，《艺文》录为医家一经。

颜真卿 多宝塔碑

颜真卿（709—784），字清臣，出生在陕西西安，今山东临沂人，唐代人。颜真卿创立"颜体"楷书，与赵孟頫、柳公权、欧阳询并称为"楷书四大家"，又与柳公权并称"颜柳"。①

【四字鉴】

xué táng yán tǐ　　duō bǎo tǎ lín
学 唐 颜 体，多 宝 塔 临。
dūn hòu xióng jiàn　　tí bǐ yùn jīn
敦 厚 雄 健，提 笔 运 筋。

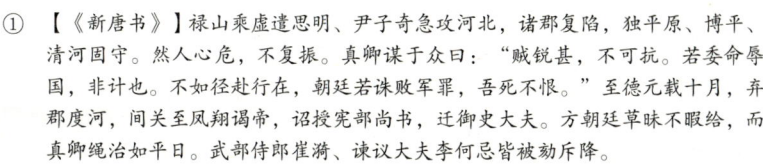

① 【《新唐书》】禄山乘虚遣思明、尹子奇急攻河北，诸郡复陷，独平原、博平、清河固守。然人心危，不复振。真卿谋于众曰："贼锐甚，不可抗。若委命辱国，非计也。不如径赴行在，朝廷若诛败军罪，吾死不恨。"至德元载十月，弃郡度河，间关至凤翔谒帝，诏授宪部尚书，迁御史大夫。方朝廷草昧不暇给，而真卿绳治如平日。武部侍郎崔漪、谏议大夫李何忌皆被劾斥降。

【孙矿《书画跋》】此（《多宝塔碑》）是鲁公最匀稳书，亦尽秀媚多姿，第微带俗，正是近世擎史家鼻祖。

第四篇

柳公权秘塔碑

【四字鉴】

颜筋柳骨，折峻玄秘。
心正笔正，笔谏皇帝。

柳公权（778—865），字诚悬，今陕西耀州人，唐代人。其书取颜、欧之长而成柳体，以骨力劲健见长，后称"颜筋柳骨"。代表作《玄秘塔碑》。①

---

① 【《旧唐书》】开成三年，转工部侍郎，充职。尝入对，上谓曰："近日外议如何？"公权对曰："自郭旼除授邠宁，物议颇有臧否。"帝曰："旼是尚父之从子，太皇太后之季父，在官无过。自金吾大将授邠宁小镇，何事议论耶？"公权曰："以旼勋德，除镇攸宜。人情论议者，言旼进二女入宫，致此除拜，此信乎？"帝曰："二女入宫参太后，非献也。"公权曰："瓜李之嫌，何以户晓？"因引王珪谏太宗出庐江王妃故事。帝即令南内使张日华送二女还旼。公权忠言匡益，皆此类也。累迁学士承旨。

【《旧唐书》】大中初，转少师，中谢，宣宗召升殿，御前书三纸，军容使西门季玄捧砚，枢密使崔巨源过笔。一纸真书十字，曰"卫夫人传笔法于王右军"；一纸行书十一字，曰"永禅师真草《千字文》得家法"；一纸草书八字，曰"谓语助者焉哉乎也"。赐锦彩、瓶盘等银器，仍令自书谢状，勿拘真行，帝尤奇惜之。

【四字鉴】

běn huà bǐ jìn shēng dòng chuán shén
本画笔劲，生动传神。
dì wáng gè tài bù niǎn shì mín
帝王各态，步辇世民。

阎立本（601—673），隋唐人，唐代画家。代表作《步辇图》，描绘了641年唐太宗李世民接见来迎娶文成公主的吐蕃使者的情景；《历代帝王图》描绘了十三位帝王的典型形象。①人外有人，天外有天，艺术无止境。当功夫境界提升，视觉便有不同。阎立本初看荆州张僧繇的画，觉得张不过"虚得其名"。第二天再去看时，发现张确是"近代佳手"。改天又再去看，才确实领悟张的作品之妙处，感慨说："名下定无虚士。"于是驻留多日，朝夕揣摩，不忍离去而"坐卧观之"。

① 【《旧唐书·狄仁杰传》】后以明经举，授汴州判佐。时工部尚书阎立本为河南道黜陟使，荐授并州都督府法曹。
【《太平广记》】又梁张僧繇作《醉僧图》。道士每以此嘲僧，群僧耻之。于是聚钱数十万，货阎立本作《醉道士图》。今并传于代……时南山有猛兽害人，太宗使骁勇者捕之，不得。虢王元凤忠义奋发，自往取之，一箭而毙。太宗壮之，使立本图状。鞍马仆从，皆写其真，无不惊服其能。

第四篇 阎立本画神异

吴道子创写意

【四字鉴】

<ruby>玄<rt>xuán</rt></ruby><ruby>宗<rt>zōng</rt></ruby><ruby>请<rt>qǐng</rt></ruby><ruby>圣<rt>shèng</rt></ruby>，<ruby>画<rt>huà</rt></ruby><ruby>嘉<rt>jiā</rt></ruby><ruby>陵<rt>líng</rt></ruby><ruby>江<rt>jiāng</rt></ruby>。
<ruby>吴<rt>wú</rt></ruby><ruby>带<rt>dài</rt></ruby><ruby>飘<rt>piāo</rt></ruby><ruby>风<rt>fēng</rt></ruby>，<ruby>送<rt>sòng</rt></ruby><ruby>子<rt>zǐ</rt></ruby><ruby>天<rt>tiān</rt></ruby><ruby>王<rt>wáng</rt></ruby>。

    吴道子（约680—759），唐朝人，今河南禹州人，被后世尊称为"画圣"。所绘人物，善用状如兰叶或莼菜条之线条表现衣褶，使有飘举之势，人称"吴带当风"。①

---

① 【《历代名画记》】国朝吴道玄古今独步，前不见顾陆，后无来者。授笔法于张旭，此又知书画用笔同矣。张既号书颠，吴宜为画圣。神假天造，英灵不穷。众皆密于盼际，我则离披其点画；众皆谨于象似，我则脱落其凡俗。弯弧挺刃，植柱构梁，不假界笔直尺。虬须云鬓，数尺飞动，毛根出肉，力健有余。当有口诀，人莫得知。数仞之画，或自臂起，或从足先。巨状诡怪，肤脉连结，过于僧繇矣。

择端图上河去

张择端,字正道,今山东诸城人。存世作品有《清明上河图》。《清明上河图》全长528.7厘米,高24.8厘米,描绘了北宋都城汴京(今开封)及汴河两岸风光,展示了当时各阶层人物的生活风貌。1101年,《清明上河图》被收入御府。宋代时,中国城市文化达到了一个高峰,临安等大城市人口超过百万。宋代城市的特点:打破了严格的市坊分界制,时间上也打破了对商业活动的时间限制。都市文化生活丰富多彩,出现专门的娱乐场所和表演场所(瓦舍、瓦子)。娱乐和表演场所里有演戏、说书、杂技、摔跤、歌舞表演等节目,最盛行的体育项目是足球(蹴鞠)。城市人口大增,南宋都城临安人口超过百万,城镇的非农业户口被编为坊郭户。

【四字鉴】

tōng sú huà zǔ　　zé duān qí míng
通俗画祖,择端其名。

dōng jīng biàn hé　　liǎng àn qīng míng
东京汴河,两岸清明。

王希孟画千里

王希孟（1096—？），北宋徽宗政和三年（1113），创作《千里江山图》。该图现藏故宫博物院。绢本，设色，纵51.5厘米，横1191.5厘米，全图以大青绿为基调，山脚、屋墙、水天交接处用深浅各异之赭石色渲染，屋顶用浓黑，人物多粉画，描述秀丽多姿、雄浑壮阔、气势恢宏的千里江山。①

【四字鉴】

lú shān qīng lù　　pó yáng hú yuè
庐山青绿，鄱阳湖悦。
xī mèng rù huà　　wù wǒ hé bié
希孟入画，物我何别。

---

① 【题跋】政和三年闰四月一日赐。希孟年十八岁，昔在画学为生徒，召入禁中文书库，数以画献，未甚工。上知其性可教，遂诲谕之，亲授其法，不逾半岁，乃以此图进。上嘉之，因以赐臣京，谓天下士在作之而已。

【四字鉴】

剩山湿润，麻皴长披。
无用师卷，萧散静谧。

《富春山居图》是元代画家黄公望作品。元至正十年（1350），以浙江富春江为背景创作纸本水墨画。前半卷：剩山图，现收藏于浙江省博物馆；后半卷：无用师卷，现藏台北故宫博物院。用墨淡雅，山水疏密得当，墨色浓淡干湿并用，极富变化。①

---

① 【黄公望题跋】至正七年，仆归富春山居，无用师偕往。暇日于南楼援笔写成此卷，兴之所至，不觉叠叠布置如许，逐旋填剳，阅三四载，未得完备，盖因留在山中，而云游在外故尔。今特取回行李中，早晚得暇，当为着笔。无用过虑有巧取豪夺者，俾先识卷末，庶使知其成就之难也。十年，青龙在庚寅，歜节前一日，大痴学人书于云间夏氏知止堂。

第四篇

【四字鉴】

孟俯官模，屈奉两主。
一世书雄，画如神助。

赵孟頫（fǔ）（1254—1322），别称赵孟俯，字子昂，浙江吴兴（今浙江湖州）人，元代著名画家。楷书四大家（欧阳询、颜真卿、柳公权、赵孟頫）之一。①

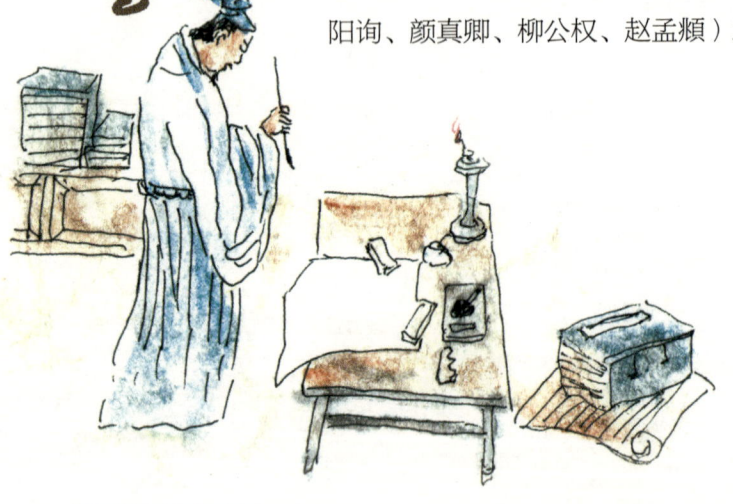

① 【董其昌《画禅室随笔》】吾于书似可直接赵文敏，第少生耳。而子昂之熟，又不如吾有秀润之气。惟不能多书，以此让吴兴一筹……吾乡陆宫詹以书名家，虽率尔作应酬字，俱不苟且，曰："即此便是学字，何得放过？"陆公书类赵吴兴，实从北海有入，客每称公似赵者，曰："吾与赵同学李北海耳。"……书家以险绝为奇，此窍惟鲁公、杨少师得之，赵吴兴弗能解也。今人眼目为吴兴所遮障。

【四字鉴】

扬(yáng)州(zhōu)八(bā)怪(guài),板(bǎn)桥(qiáo)竹(zhú)高(gāo)。
花(huā)鸟(niǎo)山(shān)水(shuǐ),朱(zhū)耷(dā)石(shí)涛(tāo)。

郑燮(1693—1766),号板桥,清代著名画家。为"扬州八怪"之一,其诗、书、画世称"三绝"。朱耷(1626—1705),号八大山人,江西南昌人。石涛(1642—1708),清初画家,原姓朱,名若极,广西桂林人。①

---

① 【郑板桥《靳秋田索画》】终日作字作画,不得休息,便要骂人。三日不动笔,又想一幅纸来,以舒其沉闷之气,此亦吾曹之贱相也……索我画,偏不画,不索我画,偏要画,极是不可解处。然解人于此,但笑而听之。
【朱耷《戊午中秋自题》】没毛驴,初生兔。破面门,手足无措。莫是悲他世上人,到头不识来时路。今朝且喜当行,穿过荡旅雾布,咄。
【石涛《梅花吟》】何当遍绕梅花树,头白依然未有家。

【四字鉴】

伯年泼墨，昌硕性情。
桃花年画，津杨柳青。

任颐（1840—1896），字伯年，今杭州市萧山区人，清末画家。四任（任伯年、任阜长、任渭长、任预）之一。

吴昌硕（1844—1927），名俊，字昌硕，"诗、书、画、印"四绝，晚清民国时期著名国画家、书法家、篆刻家，与任伯年、赵之谦（一说蒲华）、虚谷齐名为"清末海派四大家"。①

---

① 【王伯敏评】对于任颐的艺术造诣，就其个人来说，花鸟画的本领比较高，若以当时画坛的情况而言，他的人物画影响比较大。因为画人物的画家少，有成就的更少，所以像任颐那样的造诣，自然比较出众了，作为画史上的评价，当然首推他的人物画。

【吴昌硕】我平生得力之处在于能以作书之法作画。

【齐白石《白石诗草》】青藤、雪个、大涤子之画，能纵横涂抹，余心极服之，恨不生前三百年，或为诸君磨墨理纸。诸君不纳，余于门外饿而不去，亦快事也。青藤雪个远凡胎，老缶衰年别有才。我欲九原为走狗，三家门下转轮来。

【四字鉴】

cháng ān zuì wò　　làng màn shī xiān
长　安　醉　卧，　浪　漫　诗　仙。
háo fàng piāo yì　　tài bái qīng lián
豪　放　飘　逸，　太　白　青　莲。

李白（701—762），字太白，号青莲居士，又号"谪仙人"，唐代诗人，被后人誉为"诗仙"。唐代是我国诗歌发展的鼎盛时期，著名诗人有李白（诗仙）、杜甫（诗圣）、白居易。①

---

① 【《草堂集序》】公又疾亟，草稿万卷，手集未修；枕上授简，俾余为序……李白，字太白。陇西成纪人，凉武昭王暠九世孙。蝉联珪组，世为显著；中叶非罪，谪居条支，易姓与名。然自穷蝉至舜，五世为庶，累世不大曜，亦可叹焉。神龙之始，逃归于蜀，复指李树而生伯阳。
【李白《上李邕》】大鹏一日同风起，扶摇直上九万里。

第四篇 ｜ 211

【四字鉴】

sān lì sān bié　zǐ měi shī shǐ
三吏三别，子美诗史。
chén yù dùn cuò　shī shèng fā shì
沉郁顿挫，诗圣发誓。

杜诗圣写诗史

杜甫（712—770），字子美，襄阳人，唐代诗人，被后人称"诗圣"，其诗被称"诗史"。代表作有《登高》《春望》《北征》以及"三吏""三别"等。自谓"为人性僻耽佳句，语不惊人死不休"。①

---

① 【《旧唐书·杜甫传》】甫于成都浣花里种竹植树，结庐枕江，纵酒啸咏，与田夫野老相狎荡，无拘检。甫以其家避乱荆、楚，扁舟下峡，未维舟而江陵乱，乃溯沿湘流，游衡山，寓居耒阳……甫尝游岳庙，为暴水所阻，旬日不得食。耒阳聂令知之，自棹舟迎甫而还。永泰二年，啖牛肉白酒，一夕而卒于耒阳，时年五十九。
【《杜工部诗话选》】诗人以一字为工，世固知之，惟老杜变化开阖，出奇无穷，殆不可以迹捕。如"江山有巴蜀，栋宇自齐梁"，远近数千里，上下数百年，只在"有"与"自"两字间，而吞纳山川之气，俯仰古今之怀，皆见于言外。藤王亭子"粉墙犹竹色，虚阁自松声"，若不用"犹"与"自"两字，则余八言，凡亭子皆可用，不必藤王也。此皆工妙至到，人力不可及，而此独雍容闲肆，出于自然，略不见其用力处。自老杜"锦江春色来天地，玉垒浮云变古今"与"五更鼓角悲声壮，三峡星河影动摇"等句之后，尝恨无复继者。
【杜甫《茅屋为秋风所破歌》】安得广厦千万间，大庇天下寒士俱欢颜。
【唐代王昌龄《送柴侍御》】青山一道同云雨，明月何曾是两乡。

乐天诗婆婆知

白居易（772—846），字乐天，号香山居士，祖籍太原。唐代诗人，与元稹共同倡导新乐府运动，世称"元白"，与刘禹锡并称"刘白"。①

【四字鉴】

秦中吟唱，新乐府泣。
改革诗坛，叟童知易。

---

① 【《旧唐书·白居易传》】又自悲家贫多故，年二十七，方从乡赋。既第之后，虽专于科试，亦不废诗。及授校书郎时，已盈三四百首。或出示交友如足下辈，见皆谓之工，其实未窥作者之域耳。自登朝来，年齿渐长，阅事渐多。每与人言，多询时务，每读书史，多求理道。始知文章合为时而著，歌诗合为事而作。是时，皇帝初即位，宰府有正人，屡降玺书，访人急病。仆当此日，擢在翰林，身是谏官，月请谏纸，启奏之间，有可以救济人病，裨补时阙，而难于指言者，辄咏歌之，欲稍稍进闻于上。上以广宸听，副忧勤；次以酬恩奖，塞言责；下以复吾平生之志。岂图志未就而悔已生，言未闻谤已成矣。又请为左右终言之……
【白居易《策林二》】天育物有时，地生财有限，而人之欲无极。以有时有限奉无极之欲，而法制不生其间，则必物暴珍而财乏用矣。

【四字鉴】

古文运动，中唐韩愈。
泰山北斗，潮州祠祭。

韩愈（768—824），字退之，今河南省孟州市人。自称"郡望昌黎"，世称"韩昌黎""昌黎先生"。①

---

① 【《旧唐书》】韩愈，字退之，昌黎人。父仲卿，无名位。愈生三岁而孤，养于从父兄。愈自以孤子，幼刻苦学儒，不俟奖励。
【《韩愈神道碑》】复谓度曰："今藉声势，王承宗可以辞取，不烦兵矣。"得柏者，先生受词，使者执笔书之，持以入镇，承宗恐惧，割德、棣以降，遣子入侍。复谓度曰："今藉声势，王承宗可以辞取，不烦兵矣。"得柏者，先生受词，使者执笔书之，持以入镇，承宗恐惧，割德、棣以降，遣子入侍。
【唐代李汉《〈昌黎先生集〉序》】文者，贯道之器也；不深于斯道，有至焉者，不也。

柳宗元黔之驢

【四字鉴】

柳文寓言，柳句田园。
怜黔之驴，技乏虎馋。

　　柳宗元（773—819），字子厚，今山西运城永济人，与韩愈共同倡导唐代古文运动，并称为"韩柳"；与刘禹锡并称"刘柳"；与王维、孟浩然、韦应物并称"王孟韦柳"；与唐代的韩愈，宋代的欧阳修、苏洵、苏轼、苏辙、王安石和曾巩，并称"唐宋八大家"。①

---

① 【韩愈《柳子厚墓志铭》】贞元十九年，由蓝田尉拜监察御史。顺宗即位，拜礼部员外郎。遇用事者得罪，例出为刺史。未至，又例贬州司马。居闲益自刻苦，务记览，为词章，泛滥停蓄，为深博无涯涘，而自肆山水间。

欧阳修醉翁意

欧阳修(1007—1072),字永叔,号醉翁,晚号六一居士,今江西省吉安市永丰县人。①

【四字鉴】

huán chú jiē shān　zuì wēng liàn jù
环滁皆山,　醉翁练句。
cān xiū táng shǐ　jiē péng dǎng bì
参修唐史,　揭朋党弊。

---

① 【欧阳修《朋党论》】然臣谓小人无朋,惟君子则有之。其故何哉?小人所好者禄利也,所贪者财货也。当其同利之时,暂相党引以为朋者,伪也;及其见利而争先,或利尽而交疏,则反相贼害,虽其兄弟亲戚,不能自保。故臣谓小人无朋,其暂为朋者,伪也。君子则不然。所守者道义,所行者忠信,所惜者名节。以之修身,则同道而相益;以之事国,则同心而共济;终始如一,此君子之朋也。故为人君者,但当退小人之伪朋,用君子之真朋,则天下治矣。

范仲淹岳阳记

范仲淹（989—1052），字希文，谥号"文正"，苏州吴县人，北宋人。他说：不为良相，便为良医。①

【四字鉴】

tiān xià chuán sòng　shàng zhèng shì shū
天 下 传 诵，　上 政 事 书。

yōu lè tiān xià　　jìn tuì zhī tú
忧 乐 天 下，　进 退 之 途。

---

① 【《范文正公年谱》】（1028年）是年有《上执政书》，略云："盖闻忠孝者，天下之大本也。其孝不逮．忠可忘乎？所以冒哀上书言国家事，不以一心之戚而忘天下之忧。请择郡守，举县令，斥游隋，去冗僧，遴选举，敦教育，养将材，保直臣，斥佞臣，使朝廷无过，生灵无怨，以杜奸雄。凡万馀言。"
【范仲淹《岳阳楼记》】然则何时而乐耶？其必曰"先天下之忧而忧，后天下之乐而乐"乎！

苏轼词怀赤壁

苏轼（1037—1101），字子瞻，号东坡居士，今属四川省眉山市人，诗与黄庭坚并称"苏黄"；词开豪放一派，与辛弃疾同是豪放派代表，并称"苏辛"①；散文著述宏富，豪放自如，与欧阳修并称"欧苏"。苏轼亦善书，为"宋四家"之一；工于画，尤擅墨竹、怪石、枯木等。

【四字鉴】

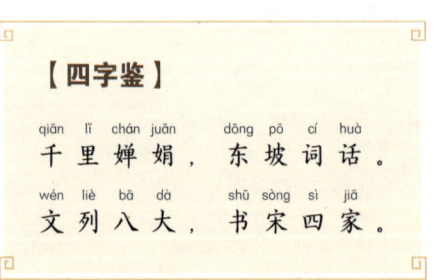

千里婵娟，东坡词话。
文列八大，书宋四家。

---

① 【宋词】宋词是继唐诗之后中国文学的又一高峰，著名词人有柳永、李清照（婉约派）、苏轼、辛弃疾（豪放派）。

李清照 情真挚

【四字鉴】

词随国变，清照宋交。
海棠婉约，残菊何飘。

李清照（1084—1155），两宋之交女词人，号易安居士，今属山东济南人。①

---

① 【清代·刘体仁《七颂堂词绎》】周美成不止不能作情语，其体雅正，无旁见侧出之妙。柳七最尖颖，时有俳狎，故子瞻以是呵少游。若山谷亦不免，如"我不合太撋就"类。下此则蒜酪体也。惟易安居士"最难将息"。"怎一个愁字了得"，深妙稳雅，不落蒜酪，亦不落绝句，真此道本色当行第一人也。
【容肇祖评】李清照是中国文学史上一个最有天才的女子，她论词对于北宋诸大家，多有不满，可见她的眼光之锐敏。她的词在当日很受人崇敬，如辛弃疾有时自称"效李易安体"。可见她的影响。

【四字鉴】

豪放善典，辛词不拘。
挑灯看剑，醉杀梦里。

辛弃疾剑醉里

辛弃疾（1140—1207），字幼安，号稼轩，今济南市历城区遥墙镇四风闸村人。与苏轼合称"苏辛"；与李清照并称"济南二安"。①

① 【《宋史》】金主亮死，中原豪杰并起。耿京聚兵山东，称天平节度使，节制山东、河北忠义军马，弃疾为掌书记，即劝京决策南向。僧义端者，喜谈兵，弃疾间与之游。及在京军中，义端亦聚众千余，说下之，使隶京。义端一夕窃印以逃，京大怒，欲杀弃疾。弃疾曰："丐我三日期，不获，就死未晚。"揣僧必以虚实奔告金帅，急追获之。义端曰："我识君真相，乃青兕也，力能杀人，幸勿杀我。"弃疾斩其首归报，京益壮之。

【钱基博评】抚时感事，慨当以慷，其源出于苏轼，而异军突起。苏轼抗首高歌，以诗之歌行为词；弃疾则横放杰出，直以文之议论为词。苏轼之词，雄矫而臻浑成，其笔圜；弃疾之词，恣肆而为楱丫，其势横。词之弃疾学苏，犹诗之昌黎学杜也。周邦彦隐栝唐诗入词，弃疾则隐栝经子语、史语、文语入词，纵横跳荡，如勒新驹，如擏长蛇，不可捉摸。弃疾以议论为词；而过此作直以传记之笔，而为设想之词，与三贤游，固可睨视稼轩；然视香山和靖之清风高致，则东坡所谓"淡妆浓抹"，尚且掉头不顾；稼轩富贵，更焉能相浼哉！磊落英多，盘空硬语，直欲推倒一时豪杰，开拓万古心胸矣。

【四字鉴】

shì ér fàng wēng， pàn jiǔ zhōu tóng
示儿放翁， 盼九洲同。
gù yuán sū shǒu， yì wài méi hóng
故园稣手， 驿外梅红。

陆游（1125—1210），字务观，号放翁，今浙江绍兴人。南宋诗人、词人。①

---

① 【《宋史》】王炎宣抚川、陕，辟为干办公事。游为炎陈进取之策，以为经略中原必自长安始，取长安必自陇右始。当积粟练兵，有衅则攻，无则守。

【叶绍翁《四朝闻见录·陆放翁》】天资慷慨，喜任侠，常以踞鞍草檄自任，且好结中原豪杰以灭敌。自商贾、仙释、诗人、剑客，无不徧交游。官剑南，作为歌诗，皆寄意恢复。

【学者评】宋诗陆游第一，不是苏东坡第一。陆游的爱国性很突出，陆游不是为个人而忧伤，他忧的是国家、民族，他是个有骨气的爱国诗人。

关汉卿窦娥誓

【四字鉴】

汉卿元曲,剧演至今。
窦娥冤死,雪六月临。

  关汉卿(1219—1301),今山西省运城人,元代杂剧奠基人,与白朴、马致远、郑光祖并称为"元曲四大家"。①

---

① 【关汉卿《一枝花·不服老》】我是个普天下的郎君领袖,盖世界浪子班头……我是个蒸不烂、煮不熟、捶不扁、炒不爆、响当当一粒铜豌豆。
【《析津志》】关一斋,字汉卿,燕人。生而倜傥,博学能文,滑稽多智,蕴藉风流,为一时之冠。
【臧晋叔《元曲选·序》】躬践排场,面敷粉墨。以为我家生活,偶倡优而不辞。

王實甫西厢记

【四字鉴】

yīng yīng xī xiāng tiān xià duó kuí
莺莺西厢，天下夺魁。

hóng niáng yuè lǎo zhēn qíng shì méi
红娘月老，真情是媒。

王实甫（1260—1336），名德信，大都（今北京）人，祖籍河北省保定市定兴（今定兴县）。元代杂剧作家，在其代表作《西厢记》结尾表达了“愿普天下有情人都成眷属”的美好愿望。

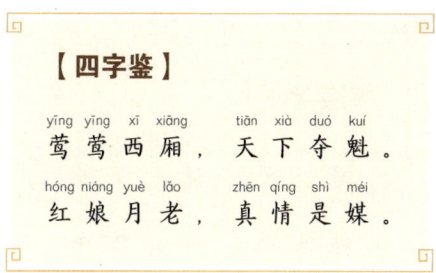

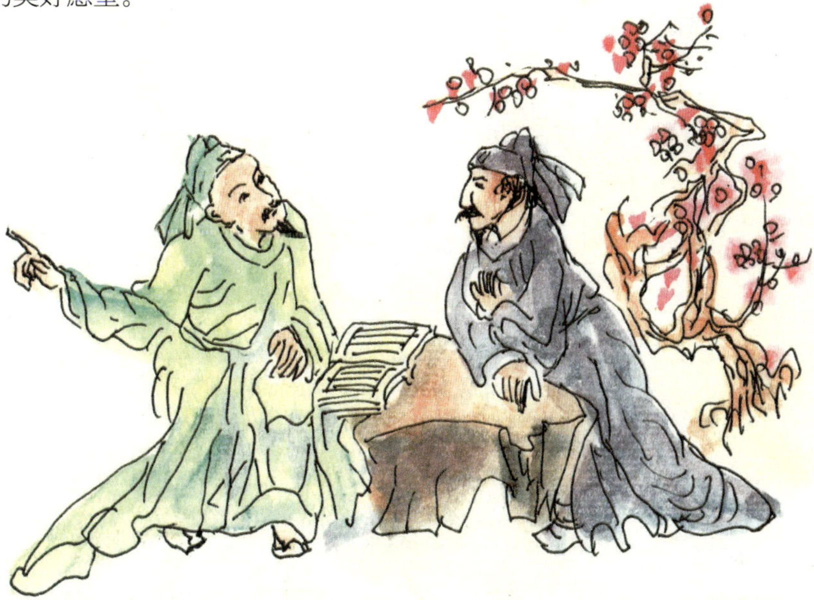

【四字鉴】

三(sān)国(guó)演(yǎn)义(yì)，说(shuō)尽(jǐn)英(yīng)雄(xióng)。
浪(làng)起(qǐ)浪(làng)灭(miè)，付(fù)笑(xiào)谈(tán)中(zhōng)。

罗贯中修演义

罗贯中（约1330—约1400），名本，字贯中，元末明初，今山东东平人（另有山西太原人和浙江杭州人之说）。其著《三国志通俗演义》（即《三国演义》）是我国最早的长篇历史小说。①

① 【《录鬼簿续编》】罗贯中，祖籍山西太原人，号湖海散人。与人寡合，乐府隐语，极为清新。与余为忘年交，遭时多故，天各一方。至正甲辰复会，别来又六十余年，竟不知其所终。

【《三国演义》选读】却说许攸暗步出营，径投曹寨，伏路军人拿住。攸曰："我是曹丞相故友，快与我通报，说南阳许攸来见。"军士忙报入寨中。时操方解衣歇息，闻说许攸私奔到寨，大喜，不及穿履，跣足出迎，遥见许攸，抚掌欢笑，携手共入，操先拜于地。攸曰："明公以孤军抗大敌，而不求急胜之方，此取死之道也。攸有一策，不过三日，使袁绍百万之众，不战自破。明公还肯听否？"操喜曰："愿闻良策。"攸曰："袁绍军粮辎重，尽积乌巢，今拨淳于琼守把，琼嗜酒无备。公可选精兵诈称袁将蒋奇领兵到彼护粮，乘间烧其粮草辎重，则绍军不三日将自乱矣。"操大喜，重待许攸，留于寨中。次日，操自选马步军士五千，准备往乌巢劫粮。

【四字鉴】

shuǐ hǔ chuán qí　　liáng shān gù shì
水浒传奇，梁山故事
yì bǎi dān bā　　sòng jiāng qǐ yì
一百单八，宋江起义。

　　施耐庵（1296—1370），元末明初，今江苏兴化人，祖籍苏州，于至顺二年（1331）登进士。① 其著《水浒传》是我国第一部以农民起义为题材的长篇小说。

---

① 【《故处士施公墓志铭》】处士施公，讳让，字以谦。鼻祖世居扬之兴化，后徙海陵白驹，本望族也。先公耐庵，元至顺辛未进士，高尚不仕。国初，征书下至，坚辞不出。隐居著《水浒》自遣。积德累行，乡邻以贤德称。生以谦，少有操志……景泰四年岁次癸酉二月乙卯十有五日壬寅立。淮南一鹤道人杨新撰，里人顾蘩书，陈景哲篆盖。

【《水浒传》选读】那大虫咆哮，性发起来，翻身又只一扑，扑将来。武松又只一跳，却退了十步远。那大虫恰好把两只前爪搭在武松面前。武松将半截棒丢在一边，两只手就势把大虫顶花皮地揪住，一按按将下来。那只大虫急要挣扎，被武松尽气力纳定，那里肯放半点儿松宽？武松把只脚望大虫面门上、眼睛里，只顾乱踢。那大虫咆哮起来，把身底下爬起两堆黄泥，做了一个土坑。武松把那大虫嘴直按下黄泥坑里去，那大虫吃武松奈何得没了些气力。武松把左手紧紧地揪住顶花皮，偷出右手来，提起铁锤般大小拳头，尽平生之力，只顾打。打到五七十拳，那大虫眼里、口里、鼻子里、耳朵里，都迸出鲜血来。那武松尽平昔神威，仗胸中武艺，半歇儿把大虫打做一堆，却似挡着一个锦皮袋。

施耐庵水浒聚

【四字鉴】

西游记源，唐西域记。
悟空持棒，金箍如意。

吴承恩（1510—1582），字汝忠，明代人，今江苏淮安人。《大唐西域记》（又称《西域记》）是由唐代玄奘口述、辩机编的地理史籍，成书于唐贞观二十年（646）。吴承恩根据《大唐西域记》及民间传说作艺术加工，写成一部充满浪漫主义气息的长篇神话小说《西游记》，其唐僧原型就是高僧玄奘。[1]

---

[1] 【《天启淮安府志》】（吴承恩）性敏而多慧，博极群书，为诗文下笔立成，清雅流丽，有秦少游之风。复善谐谑，所著杂记几种，名震一时。
【《长兴县志》评《西游记》】性耽风雅，作为诗，缘情体物，习气悉除。其旨博而深，其辞微而显，张文潜后殆无其伦。西方人翻译了《西游记》，只认为是中国的神话故事，不晓得蕴含了印度、中国天人合一的宗教理念，里面还藏有深刻的道理。
【南怀瑾评《西游记》】《西游记》我看过四五遍，前几年我还重新一字不漏再看一遍，我很想拿起笔来，每一句话、每一回都把它批了，那真是写得好，全部修道做功夫的道理都在内了。
【明代洪应明《菜根谭》】登高使人心旷，临流使人意远。

蒲松龄鬼聊斋

【四字鉴】

聊斋志异，鬼怪离奇。
狐仙有情，美女画皮。

  蒲松龄（1640—1715），字留仙，别号柳泉居士，世称聊斋先生，今山东省淄博市人。创作出著名的文言文短篇小说集《聊斋志异》。①

---

① 【郭沫若评《聊斋志异》】写鬼写妖高人一等，刺贪刺虐入骨三分。
【鲁迅评《聊斋志异》】聊斋志异虽如当时同类之书，不外记神仙狐鬼精魅故事，然描写委屈，叙次井然，用传奇法，而以志怪，变幻之状，如在目前。
【《聊斋志异》选读】（冯相如见红玉自墙上来窥）视之，美。近之，微笑。招以手，不来，亦不去。固请之，乃梯而过。
【《聊斋志异》选读】（写翩翩与花城娘子）一日，有少妇笑入，曰："翩翩小鬼头快活死！薛姑子好梦，几时做得？"女迎笑曰："花城娘子，贵趾久弗涉，今日西南风紧，吹送来也！小哥子抱得未？"曰："又一小婢子。"女笑曰："花娘子瓦窑哉！那弗将来？"曰："方鸣之，睡却矣。"

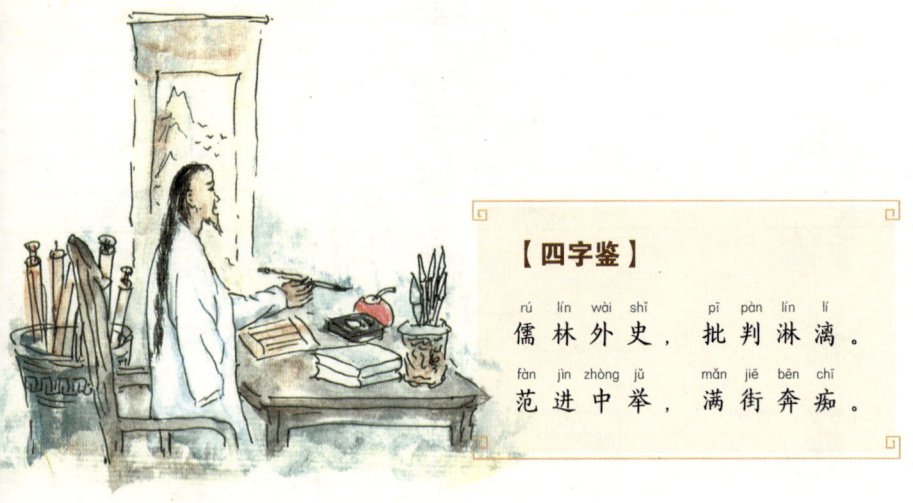

【四字鉴】

儒(rú)林(lín)外(wài)史(shǐ)，批(pī)判(pàn)淋(lín)漓(lí)。
范(fàn)进(jìn)中(zhòng)举(jǔ)，满(mǎn)街(jiē)奔(bēn)痴(chī)。

吴敬梓（1701—1754），字敏轩，一字文木，安徽全椒人，著有《儒林外史》和《文木山房集》等。《儒林外史》是杰出的长篇讽刺小说。①

---

① 【《文木先生传》】出城南门，绕城堞行数十里，歌吟啸呼，相与应和，逮明，入水西门，各大笑散去，夜夜如是，谓之暖足……余生平交友，莫贫于敏轩。抵淮访余，检其橐，笔砚都无。余曰：此吾辈所倚以生，可暂离耶？敏轩笑曰：吾胸中自有笔墨，不烦是也。其流风余韵，足以掩映一时。窒其躬，传其学，天之于敏轩，倘意别有在，未可以流俗好尚测之也。

【鲁迅《中国小说史略》】迨吴敬梓《儒林外史》出，乃秉持公心，指摘时弊。机锋所向，尤在士林；其文又戚而能谐，婉而多讽，于是说部中乃始有足称讽刺之书。［于同文论述］通过对种种不和谐、悖于人情、逆于常理的荒谬现象的揭露，注入描写人物的自吹自擂、大言不惭、自作聪明、弄巧成拙、欺世盗名、自命清高、自相矛盾等等。正像果戈里所说："我们的骗子们，我们的怪物们。……让大家笑个痛快。笑真伟大，它不夺去生命、田产，可是在它面前，你会低头服罪，像个被绑住的兔子。"

【清代叶燮《原诗·外篇上》】志高则其言洁，志大则其辞弘，志远则其旨永。

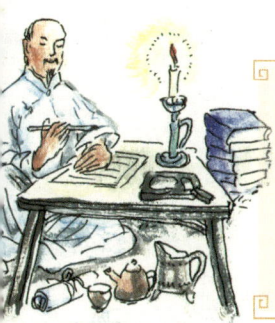

曹雪芹叹宝黛

【四字鉴】

红楼梦里，宝黛情衷。
zhēn jiǎ xīng shuāi　xiǎo shuō diān fēng
甄贾兴衰，小说巅峰。

　　曹雪芹（约1715—约1763），名沾，字梦阮，号雪芹，又号芹溪、芹圃，出生于江宁（今南京），所著《红楼梦》描写了贾、王、史、薛四大家族的兴衰，是我国古典小说的高峰。①

---

① 【周汝昌评曹雪芹】曹雪芹的一生，是不寻常的，坎坷困顿而又光辉灿烂。他讨人喜欢，受人爱恭倾赏，也大遭世俗的误解诽谤、排挤不容。他有老、庄的哲思，有屈原的《骚》愤，有司马迁的史才，有顾恺之的画艺和"痴绝"，有李义山、杜牧之风流才调，还有李龟年、黄旛绰的音乐、剧曲的天才功力……他一身兼有贵贱、荣辱、兴衰、离合、悲欢的人生阅历，又具备满族与汉族、江南与江北各种文化特色的融会综合之奇辉异彩。所以我说他是中华文化的一个代表形象。
【诸联评《红楼梦》】书中无一正笔，无一呆笔，无一复笔，无一闲笔，皆在旁面、反面、前面、后面渲染出来。中有点缀，有剪裁，有安放。或后回之事先为提掣，或前回之事闲中补点。笔臻灵妙，使人莫测。总须领其笔外之深情，言时之景状。作者无所不知，上自诗词文赋、琴理画趣，下至医卜星象、弹棋唱曲、叶戏陆博诸杂技，言来悉中肯綮。想八斗之才又被曹家独得。全部一百二十回书，吾以三字概之：曰新、曰真、曰文。
【学者评《红楼梦》】（中国过去）除了地大物博，人口众多，历史悠久，以及在文学上有部《红楼梦》等等以外，很多地方不如人家，骄傲不起来。
【曹雪芹】世事洞明皆学问，人情练达即文章……假作真时真亦假，无为有处有还无。
【清代刘开《与阮芸台宫保论文书》】非尽百家之美，不能成一人之奇；非取法至高之境，不能开独造之域。

京剧山长庚开

【四字鉴】

bǎi xì zhēng yàn　hàn diào huī bān
百戏争艳，汉调徽班。
jīng jù guó cuì　cháng gēng kāi shān
京剧国粹，长庚开山。

程长庚（1811—1880），名椿，他与四喜班张二奎、春台班余三胜并称"老生三杰"。清乾隆年间，四大徽班（"三庆""春台""四喜""和春"）先后入京演出，清道光、咸丰年间，徽剧同湖北汉剧等剧结合，演变成京剧。①

中国京剧、中医、中华武术、汉字、丝绸汉服、中国茶、中国瓷器、围棋、中国刺绣和中国民间剪纸等是中国人民智慧结晶，是中国国粹。中国建筑、酿酒等具有民族风格与审美，也体现多元文化。

---

① 【《梨园旧话》】内务府许其管领各菊部，有事则于精忠庙会议，听其裁决。各伶有违犯规律者，听其处置，无敢相抗，而程亦以身作则，恪守规律。
【《旧剧丛谭》】程长庚为人严正，管理三庆部井井有条，人多畏而敬之，尊之曰大老板。